説話社 占い選書 11

九つの星で運命を知る

九星術

鎗田 宗准 著

はじめに

みなさん。こんにちは。

みなさんは、「九星術《きゅうせいじゅつ》」をご存知ですか？　「気学《きがく》」あるいは「九星気学《きゅうせいきがく》」といった方がおわかりになりやすいかと思います。この言葉は、何とも不思議な響きを持った言葉なのです。

初めにお聞きいたします。「九星術」とは「占術《せんじゅつ》」に属する言葉ですが、では、ここでいう占術とは、一体、何を指していると思われますか。

一般に中国占術といわれるものは、「命術《めいじゅつ》」、「卜占術《ぼくせんじゅつ》」、「方位術《ほういじゅつ》」、「相術《そうじゅつ》」の四つです。

命術とは、生年月日、あるいは生年月日時と生まれた場所と性別から、ある人が生まれてから死ぬまでの重要な出来事ほぼすべてを今の時点で明らかにしようとする試みです。

そのために使う術として、日本人が比較的知っている占術では、「紫微斗数推命術《しびとすうすいめいじゅつ》」、「四柱推命術《しちゅうすいめいじゅつ》」、「西洋占星術」、「算命学《さんめいがく》」、「気学（九星）推命術」を始め、それほど知られていないものとしては「河洛理数推命術《からくりすうすいめいじゅつ》」とか、「六壬推命術《りくじんすいめいじゅつ》」とか「奇門遁甲推命術《きもんとんこうすいめいじゅつ》」とか、さらには「七政四余《しちせいしよ》」、「星平会海術《せいへいかいかいじゅつ》」、「太乙神数《たいいつしんすう》」、「鉄版神数《てっぱんしんすう》」といったものがあります。

かたや卜占術ですが、時間をさらに細かく分けて、多くは、現在の自分が目の当たりにしている事柄が「どのように変化していくのだろうか。吉と出るか凶と出るのか」と「事件の流れ」を問うものです。

代表的なものとしては、東洋占術では「易占術《えきせんじゅつ》」（周易《しゅうえき》の技法各種、五行易《ごぎょうえき》とか断易《だんえき》とかいわれるもの、梅花心易《ばいかしんえき》各種」を始め、「六壬神課《りくじんしんか》卜占術《ぼくせんじゅつ》」、「奇門遁甲卜占術」、「気学（九星）卜占術」などがあり、ちょっと精度が変化しますが、「紫微斗数卜占術」や四柱推命を応用した「干支術《かんしじゅつ》」などがあります。西洋の分野では「タロットカード各種」、「西洋占星術各種（ホラリー他）」などが挙げられます。

さらに方位術は、「いつ」、「どの方向で」、「何をするか」の吉凶を判断しようという術です。これは日本人にとって代表的なものは「奇門遁甲」であり、「九星（気学）方位術」であるのです。さらには「紫微斗数方位術」なども考えられます。

相術という分野では、物の形を見て、それを持っている人や物の運勢を判断したり、その人物の吉凶や、家や土地がもたらす吉凶を判断したりしようというものです。

代表的なものとしては、「人相《にんそう》（面相《めんそう》とか顔相《がんそう》とかの表現もあります）」、「手相《てそう》」、「姓名判断」、「声相判断（声を聞いて吉凶を判断します）」、「骨相《こつそう》（これは人相に入るかもしれません）」などがあります。これは人間が持つ顔や手、姓名、声、骨格を見て判断するのです。

さらには「九星（気学）家相術」、「奇門遁甲家相術（家の形を見て、そこに住む人の運気を読む）」、「地理風水術（家相を読むのを風水といい、大きな地相を読むのを地理といったりします）」などがあります。

ここまでお読みになって、何か気づいた点はありますか？　そうです。九星術はいろいろな流儀（？）がありますが、この命・卜・方・相の四つにちゃんと対応しているのです。

そして九星術とか気学とかいわれるものは、中国で発祥したものをベースにして、日本で作られた占術なのです。それが証拠には、中国の歴史の残る正式な書籍で、気学あるいは九星術というものはないといいます。

つまり九星術とは日本製の占術でありながら、しっかりと命・卜占術・方・相に対応しているのです。素晴らしいとは思いませんか？

しかし、ここ20年～30年の書籍を見る限り、命・卜占術・方の術を1冊のまとめた本は出ていないように思えます。もちろん、いろいろな事情があってのことでしょうが、私には大変不満でした。なぜなら、せっかく一つの術で中国占術のようにいろいろと判断できるのに、どなたもしっかりと公表していないのですから。

「日本製だ！」ということで多少不利な点は存在します。推命の精度が四柱推命とか紫微斗数に比べて多少は落ちる傾向にはあります。これはなぜでしょうか？　最近は状況が違いますが、多くの占術に解決策を求める日本人は、それなりの年齢であり、自分の生年月日は知ってはいますが、ご自分の生まれた時間をほとんど知りません。それで四柱推命とか紫微斗数で正しい答えをちゃんと求められるでしょうか。

これらの推命術では、生まれた時間と場所がわかってこそ、初めてその真価を発揮できるのです。もちろん、時間がわからなくてもある方法で生まれた時間を出すことも可能です。ですが、生年月日だけで判断できれば文句はありませんよね。

そうした意味でも、気学とか九星術とか呼ばれる占術はちゃんと日本人の習慣に合っているのでしょう。

ここから先は、浅学非才《せんがくひさい》ながら私が勉強して身につけているものをちょっとお話ししていこうと思います。ですが、浅学非才ならではの言い訳ですが、命・卜占術・方はお話しできますが、家相だけは自分なりのものができていないので、解説を出すことができません。この点はみなさまにお詫び申し上げます。

ですが、九星術の素晴らしさは、簡単ではありますが判断は急所をしっかりと突いている点です。特に卜占術の分野では易やタロットにも負けません。いや、それ以上の力を発揮することもあるのです。

みなさん、ここでお話しするのは九星術を使った命・卜占術・方の三つです。存分に術の成果を味わってください。

最後になりましたが、本書を出版していただいた説話社社長さま、原稿を担当していただきました高木さまにこの場をお借りいたしまして、厚く御礼を申し上げます。

平成29年11月1日
東洋占術研究所・確占会主宰　鎗田宗准

目次

序章

九星術について

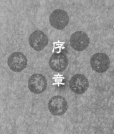

1 占いは科学ではない、アートであるというわけは？

本書をお読みいただく前提として、「占い」と「科学」について私の考えを述べておきたいと思います。

「科学」という「言葉」に、みなさんはどういう印象を持っておられるでしょうか？

「完璧」「絶対に正しい」でしょうか。それとも「（広義）体系化された知識や経験の総称」「（狭義）科学的方法に基づく学術的な知識、学問」「（最狭義）自然科学」というレベルでしょうか。

また「科学」に反する言葉としては「擬似科学」という言葉もあって科学は絶対だと思われているようです。

簡単にいえば「帰納法的手法」をもって理論を構築するものだからでしょう。「帰納法」と正反対なのが「演繹法」です。

> **帰納《きのう》法**：さまざまな事例を挙げて、そこから結論をいう論理展開の方法。多くの観察事項（事実）から類似点をまとめ上げることで、結論を引き出すという論法です。簡単にいえば、個々の事実の集大成→大前提→結論というかたちになります。
>
> **演繹《えんえき》法**：一般的・普遍的な前提から、結論を得る論理展開の方法。一般論やルール（大前提）に観察事項を加えて、必然的な結論を導く思考方法のことです。三段論法ともいわれます。簡単に言えば大前提→詳細→結論という手順です。

さらに、数学は、「公理公準」という大前提があることから、演繹法であるとさえいわれます。

では「占い」はどうでしょうか。占いは、演繹法的な考え方をします。

例えば「命術やト占術、方位術において、暗剣殺《あんけんさつ》とか五黄殺《ごおうさつ》とかは大凶である」と九星術での定義があれば、普通の人は暗剣殺とか五黄殺といった方位や時期は使わないはずです。それが大前提だからです。もし使って本当に大凶が出たら誰が責任を取ってくれるのでしょうか。

だから本当に大凶は出るのかでないのか、誰も確かめていませんから（例外で確かめた日本人がいました。本書でも紹介します）、それが本当なのかウソ何かはわからないという状態。だけどしっかりと答えが出る（つまり、当たる）。それを「アート」だ、と表現しているのです。私の友人で占いを「アート」と表現してはばからない方は、私の畏友《いゆう》のお一人で紫微斗数推命術の大家、椎羅《しいら》先生です。

私も椎羅先生と知り合う前から椎羅先生と同意見なので、本書でもアートという表現を使わせていただております。

では、アートとは一体、何でしょうか？　占いに限定していえば「技術」です。「人の運勢とか、これから起こるであろうことが、吉となるか凶となるかを事前に判断する技術」といってもよいでしょう。そしてその答えを得るための大前提が術によって全然違うので完全なる演繹法ともいえないし、帰納法でもないことから「占断技術＝アート」としたのでしょう。もちろん宗教（＝英：religion）とも違います。

ですから、占いを科学と一緒にして占いを非難している方は、科学の進展を全く理解していない人物だといえるのではないでしょうか。

いまだにいわれる「占いは統計学だ」などという愚かなことはやめた方がよいでしょう。統計学とは「手持ちのデータの最適な処理と使い方を学ぶ学問」です。これは言い換えると「手持ちのデータを分析して、まだ手に入れていないデータについて議論する方法を学ぶ学問」となります。そして扱うデータとしては、定量的データ（測れるデータ）を使い、定性的データ（測れないデータ）は使わないこととされているのです。

それでは占いで「満足を得られる」といった程度の結果は、ちゃんと数量で計れるのでしょうか。いや、計れないでしょう。この一言からしても「占いは統計学ではありません」といえるのです。

2 九星術とは

(1) 九星術の流れ

本書でお話しします「九星術《きゅうせいじゅつ》」とは、「一白水星《いっぱくすいせい》」、「二黒土星《じこくどせい》」、「三碧木星《さんぺきもくせい》」、「四緑木星《しろくもくせい》」、「五黄《ごおう》土星《どせい》」、「六白金星《ろっぱくきんせい》」、「七赤金星《しちせききんせい》」、「八白土星《はっぱくどせい》」、「九紫火星《きゅうしかせい》」という、九つの星を使って、さらには「天干《てんかん》」、「地支《ちし》」をも使って、あらゆるものを判断しようという術を指します。

この、かなり昔からあった九星術を大正時代に大きく包み込んで、新たに園田真次郎《そのだしんじろう》先生がお作りになったものが「気学《きがく》」といわれる術だとされています。

「気学なら知っている。でも、何でわざわざ古い『九星術』なんて言葉を使うんだ?」というご批判が出ることも十分に承知しておりますが、九星術と気学と言葉が違えば、その言葉が指し示している術は同じではありません。

一応、気学がすべての九星術を受け継いでいるということになってはいますが、私はそうではないだろうと思っています。

それはどうしてか。

手相や人相で有名な中村文聰《なかむらぶんそう》先生がお習いになった飯田先生という方がおられます。もちろん中村先生ご自身も、九星術では名人上手といわれた人であります。

さらには望月実《もちづきみのる》先生も「干支九星術《かんしきゅうせいじゅつ》」というものを研究されており、やはり名人上手であるといわれております。干支九星術とは天干《てんかん》・地支《ちし》・九星を混ぜて使い、判断をつけていく術なのです。

最近はゆっくり九星術の歴史を勉強してから本

題に入るという方はごく少数になっていて、さらに九星術といっても「気学九星術」といったりする方もいて、ちょっと書籍の題名を読んだだけでは、九星術なのか気学なのか、言い換えればどのような術であるのかが、よくわからなくなっているのが現状です。

ですが、今挙げたすべてが九星術であるとしますと、九星術とは、

① 九星を使って、さらには天干、地支、神殺《しんさつ》というものを使って人の一生を判断する命術である。
② 九星を使って、人が出会う事件や事象の吉凶や成り行きを細かく判断する卜占術である。
③ 九星を使って、人が何かをしようとして動いた時に、動いた方位の吉凶を判断し、そのやろうとしていることが吉なのか凶なのかを判断する方位術である。

ということになります。

さらに、今回は説明いたしませんが、

④ 九星を使って家相の吉凶を判断する家相術。

もしっかり存在するのです。

さらに、

⑤ ①から④の術をやって上手くいかない時の開運法。

もあります。それは、

お砂取り
お水取り
玉埋め
楊木《ようぼく》
花買い
方違え《かたたがえ》

などといわれるもので、木火土金水に対応してい

るのです。

　私は本書を書くに当たって、「誰々先生の術だから素晴らしいのだ」という態度は取りません。というより、私が九星術をどのように勉強していったかをご説明することになると思います。

　そのような意味では、いい加減なのかもしれませんが、この本は、初めて九星術を勉強なさる方々には「そうか、そうやって勉強すればいいのか」ということをきちんと説明する、もってこいの書籍だと思っています。

　その前に、これだけはつかんでおきたい事柄があります。それは、何でしょうか。

3 九星暦を使っての判断

(1) 暦をどのように見るか

九星術としての暦の前に、一般的な意味での暦について少し説明をしておきたいと思います。

6月	水無月	小	牛宿	丙午	四緑木星	暗剣煞	巽の方
1日	木	己未	旧5月7日	五黄	大安	井	満
2日	金	庚申	8日	六白	赤口	鬼	平
3日	土	辛酉	9日	七赤	先勝	柳	定
4日	日	壬戌	10日	八白	友引	星	執
5日	月	癸亥	11日	九紫	先負	張	執
芒種	旧5月節	陰遁始め					
6日	火	甲子	12日	九紫	仏滅	翼	破

この暦はいろいろな術を網羅しています。これは2017年6月の暦です。

一段目は新暦の日付です。

二段目は曜日を示しています。

三段目の段は干支暦で、毎日の干支を表しています。この段では、四柱推命とか干支術で使います。

四段目の段は旧暦です。この段では紫微斗数推命術・卜占術・方位術など、旧暦をメインにして判断する術に使います。

五段目が九星術や気学、あるいは九星を入れた奇門遁甲術の流派がメインとして使う九星暦なのです。

六段目が六曜《ろくよう》といい、これは中国陰陽道《おんみょうどう》での小六壬《しょうりくじん》で使う選日が日本に伝わり変化をしてきたものです。日にちの善し悪しでよい日を選ぶこと(択日)に使います。

七段目は二十八宿《にじゅうはっしゅく》といって、密教占星術で使う星を規則に従って並べたものです。二十八宿とは、天球における天の赤道を、28のエリア（星宿）に不均等分割したもので、二十八舎《にじゅうはっしゃ》ともいいます。またその区分の基準となった28の星座（中国では星官・天官といった）のことです。中国の天文学・占星術で用いられました。

28という数字は、月の任意の恒星に対する公転周期（恒星月）である27・32日に由来すると考えられ、1日の間に、月は一つのエリアを通過すると仮定しています。

八段目に見えるものが十二直《じゅうにちょく》といって中国の古代から伝わる日にちの吉凶で、風水にも使うことがあります。北斗七星の星の動きを吉凶判断に用いたのが十二直です。

この中で、九星暦だけがいろいろな流派によって暦が多少変化をします。

さらに、暦法については二通りあります。それは「恒気法《こうきほう》」と「定気法《ていきほう》」です。暦を見ればわかりますが、小寒《しょうかん》・大寒《だいかん》・立春《りっしゅん》・雨水《うすい》・啓蟄《けいちつ》・春分《しゅんぶん》・清明《せいめい》・穀雨《こくう》・立夏《りっか》・小満《しょうまん》・芒種《ぼうしゅ》・夏至《げし》・小暑《しょうしょ》・大暑《たいしょ》・立秋《りっしゅう》・処暑《しょしょ》・白露《はくろ》・秋分《しゅうぶん》・寒露《かんろ》・霜降《そうこう》・立冬《りっとう》・小雪《しょうせつ》・大雪《たいせつ》・冬至《とうじ》といった「二十四節気《にじゅうしせっき》」があります。

この二十四節気を配置する際に、節気間の時間を均等に配置する方法を恒気法といい、時間分割法とも呼ばれます。この方法だと何の問題も出ません。

一方、定気法というのは、春分点を基点として24等分し、こうして導き出された15度ごとの黄経上の特定の度を太陽が通過する日に節気（正節）と中気を交互に配していく方法で、空間分割法とも呼ばれます。この方法では、節気から節気までの日数が不均等になります。現在でもこの方法で二十四節気が決められています。

さらに「超神接気《ちょうじんせっき》」という方法が奇門遁甲暦にはあります。1年は約365日なのに干支暦だと一年360日になっていて、どうしてもズレを生じてしまいます。すると二十四節気がだんだん実際の暦とかけ離れてしまうので、それをも調整しようというのが超神接気という方法です。

奇門遁甲術はこの超神接気をすべての奇門遁甲の流派で採用しているわけではないのです。ある流派では採用している説を別の流派では採用しないということは頻繁にあります。

術の世界では、一般に理解できないような不思議な点はこういうところにあるのかもしれません。

(2) 九星暦の問題

九星術は暦《こよみ》を使って九星を出し、命術に、卜占術に、方位術に、さらに開運法にまで使っていきます。

が、一つだけ問題があります。暦の作り方というものがあるのですが、ある部分だけがきちんと書かれていないために、ちょっとだけ流派により解釈の違いから暦にズレが生じているのです。

「ええっ！　暦というのはカレンダーでしょ？　それがそんなに違うの？」と驚かれた方もいらっしゃるのではないかと思います。しかし、何日という日にちや何曜日という曜日が違うわけではありません。

年の盤はどの流派でも同じです。月盤《げつばん》もどんな流派でも変わりません。さらに時間につけられた時盤も変化しません。

違いが出るのは「日盤《にちばん》」といわれる「日にちにつけられた九星」なのです。

普通は陽遁《ようとん》と陰遁《いんとん》といいまして九星が九紫火星、八白土星、七赤金星というように九星の数が減っていく陰遁と、一白水星、二黒土星、三碧木星と九星の数が増えていく陽遁があります。

その切り替わり時には二つありまして、そのうちの一つが夏至に近い甲子の時で陽遁から陰遁になります。そしてもう一つが冬至に近い甲子の日で、陰遁から陽遁に変化をするのです。

その前後の20日程度、九星がズレるわけです。そして、毎年ズレる期間も変化します。

「え？　それ本当？」

はい、本当です。普段、みなさんは「九星暦」は使いませんから、「九星術の暦は一致していない」などと、初めてお聞きになればびっくりするかもしれません。

さらにいいますと、陽遁と陰遁とを分けないで、陰遁のみを使う流派もあると聞いたことがあります。いろいろな暦が使われているわけです。

ちなみに、私が使っている万年暦には2種類あります。一つは鐘の会編纂《へんさん》の万年暦で、これは大正元年（１９１２年）から平成30年（２０１８年）までの１０６年間が書かれています。

もう一つは鮑黎明《ほうれいめい》先生監修の『中国標準　万年暦』です。これは元治元年（１８６４年）から昭和１１８年（西暦２０４３年で平成55年）までの１８０年間が載っています。この二つの暦にも大きく違いがあるのです。

その前にちょっと「還暦」について述べてみたいと思います。

(3) 還暦について

みなさんはよく「還暦《かんれき》」ということを聞かれると思います。還暦とは60年のことで、1年ごとにこの干支を当てはめますと、60年経つと干支暦の甲子から始まり癸亥まである60干支を一巡します。それで還暦というのです。

また、最近まだ風水が流行っているようですが、風水では「上元《じょうげん》」、「中元《ちゅうげん》」、「下元《かげん》」という言葉を用います。この上元とか下元とかいうのは、それぞれ60年のことで、60年×3（上元・中元・下元）で、180年をもって一つのサイクルとします。

この180年を20年ごとに分けまして、第一運、第二運、第三運……第九運と巡り、また新たに第一運、第二運、第三運……というように、年はしっかりとしています。もっとも、こういう考えは風水の考え方であって厳密には九星術ではないのですが、基本は同じなのです。

これを細かく一日ごとに見ていきますと、九星暦の違いというか変化が明らかになってきます。

（4）陰遁と陽遁について

九星暦は、編者によって陰遁と陽遁が始まる時期が、暦によって違うということは前に述べました。

陰遁と陽遁とは、日盤と時盤に存在する特殊な時間をいいます。これは、日照時間によって星（九星を単に「星《ほし》」とも呼びます。本書では九星といったり星といったりしますが、同じものだとお考えください）の並びが、九紫火星、八白土星、七赤金星、六白金星、五黄土星、四緑木星、三碧木星、二黒土星、一白水星、九紫火星、八白土星……と進む陰遁と、一白水星、二黒土星、三碧木星、四緑木星、五黄土星、六白金星、七赤金星、八白土星、九紫火星、一白水星、二黒土星……と進む陽遁というルールがあるのです。

これを簡単に説明したいと思います。

> **陽遁**
> 冬至に近い甲子の日から夏至に近い甲子の前日までを指し、九星の並びは数がどんどん増えていきます。一白から始まり、二黒、三碧、四緑……と九星が並びます。
>
> **陰遁**
> 夏至に近い甲子の日から冬至に近い甲子の前日までを指し、九星の並びは数がどんどん減っていきます。九紫から始まり、八白、七赤、六白、五黄……と九星が並びます。

というルールですが、例えば「冬至（夏至の場合もあります）に近い甲子の日」についていいますと、冬至に近ければ、冬至の前でも冬至の後でもよいのか書かれていないことが大問題なのです。

ですから四つの方法が考えられます。

① 冬至に近ければよいとして、陰遁⇕陽遁の切り替わりが冬至以前の場合もあれば、冬至後の場合もありとする方法が存在します。

② 絶対に冬至の前から始まるとします。陽遁は冬至から始まるから、冬至の前から九星が始まるとします。

③ 絶対に冬至の後から陽遁が始まるとします。冬至を過ぎてから陽遁が始まることがあっても問題にはならないとします。

④ 陽遁と陰遁は必ず夏至、冬至から始まります。ですから途中で星の配置が変わっても、全く問題とはしません。

どうしてこうなるのでしょうか。それよりも、なぜ日にちの九星が変わるのに一致しないのでしょうか。

それは、円周を1回まわるのに、理論上では360度が必要ですが、実際に地球が動いているのは365・2422日あるため、理論と現実は厳密には一致していないのです。

この5・2422日の差が問題なのです。

先程説明した、1＋1＝2は頭の中だけだというのは、理論上は円の1周が360度なのに対して、実際は365・2422日になっているからなのです。

このズレをどうにかしようとして、いろいろな方々や研究者達がそれぞれ暦について自分達の説を研究してきたのでしょう。

暦の多さは研究する人物の多さであり、暦の難しさを如実に物語っているのだといえます。

（5）実際に見る暦の違い

では、実際にはどう違うのでしょうか。ここで具体的にちょっとみてみましょう。まず、平成26年の分を見ていきます。

平成26年　2014年　甲午年　四緑木星

1月　乙丑　九紫火星

鮑黎明先生の中国万年暦				鐘の会の万年暦			
1日	壬申	九紫	12月1日	1日	壬申	九紫	12月1日
2日	癸酉	一白	12月2日	2日	癸酉	一白	12月2日
3日	甲戌	二黒	12月3日	3日	甲戌	二黒	12月3日
4日	乙亥	三碧	12月4日	4日	乙亥	三碧	12月4日
5日	丙子	四緑	12月5日	5日	丙子	四緑	12月5日
6日	丁丑	五黄	12月6日	6日	丁丑	五黄	12月6日

このように平成26年1月に変化はありません。ところが、わずか2年前の平成24年1月を見てみましょう。

平成24年　2012年　壬辰年　六白金星

1月　辛丑　六白金星

鮑黎明先生の中国万年暦				鐘の会の万年暦			
1日	辛酉	七赤	12月8日	1日	辛酉	三碧	12月8日
2日	壬戌	八白	12月9日	2日	壬戌	二黒	12月9日
3日	癸亥	九紫	12月10日	3日	癸亥	一白	12月10日
4日	甲子	一白	12月11日	4日	甲子	一白	12月11日
5日	乙丑	二黒	12月12日	5日	乙丑	二黒	12月12日
6日	丙寅	三碧	12月13日	6日	丙寅	三碧	12月13日

すると、鐘の会の万年暦では陰遁から陽遁への切り替えになっているのですが、鮑先生の万年暦では、既に陽遁になっています。

「え～？　こんなに違うのでは、とても万年暦なんか信用できないよ。いや、九星術とか気学とかも絶対に信用できない。何やっているんだ！」という方には、360対365・2422を、我々が納得できる方法で何とかしてみていただきたいと思います。

「暦が違うのはおかしい」というご意見はごもっともです。確かに、1＋1＝2ですが、実生活では確実に1＋1＝2のようにビシッと決まっているわけではありません。

繰り返しますが、1＋1＝2というものは頭の中だけで行われているにすぎないのです。実際にこの微妙なズレは、実生活ではいたるところに存在します。

例えば、医学。病気の原因がわかっており、治療法が確立している病気であれば、誰がやっても、どこでやっても、たった一つの治療法しかありません。ですが、病気の原因がわかっていても治療法がわからないとか、病気の原因も治療法もわかっていないとなると、その治療の仕方はかかる医師によってまちまちです。その医師の属している流派（考え方）によって、治療法は全く違うのです。

まして現在わかっている病気は約7000種類あって、そのうち治療法の病気の原因もわからないものが約4000種類あると医師から聞いたことがあります。それを「医者のくせに病気の原因も治療法もわからないなんて、インチキだ」と医師に向かっていうでしょうか？

人の命を預かる医学でさえもそうなのに、占いだけが「インチキじゃないか！」とバカにされるのは、私は納得がいきません。

暦の差は流派の違いから来ていると考えた方が正しいと思います。では、なぜ流派があるのでしょうか。

（6）「秘伝」とは？　各流派が存在する理由

流派が存在する理由ですが、暦も含めて、術というものは軍学として発達してきたからです。

これはどういうことでしょうか？　術の上で、もし一つの理論でしか判断できないのだとしたら、相手のすることとなすことを当方がすべてわかり、さらには相手の作戦を無効にする方法も簡単に発見してしまうので、全く戦にはならなくなります。

しかし、術が違えばそんな心配はなくなるでしょう。そのためにいろいろな術を「秘伝」として開発したのだといわれております。おそらく、これは非常に的確な意見だと思っております。

「秘伝」とは読んで字の如く「秘して伝えず」です。しかし、世の中は秘伝だらけです。料理の味つけにしろ、着物の縫い方にしろ、「自分が開発した方法」や「自分だけが知っている方法」があるではありませんか。「軍事機密」というものは、その最たるものだといえます。

秘伝にはいくつかの意味があります。

①誰にでもできる簡単な技なのですが、あまりにも危険な技（技術）であるので、初心者には簡単に使えないように「秘して」あるもの。開運法の反対の術です。

②使う場面が非常にまれですが、それを使わなければ全く判断できないもの。判断法に属します。一般に吉凶が逆転するようなもの。

③一般的にいう開運法で、努力もせずに実行してはダメなもの。

などと考えられております。

占いの世界では②がメインになるでしょう。

ところが、占いの秘伝は、香港や台湾では最近ずっと変わってきているといいます。それは、流派のトップだけの集まりがあって、各流派の秘伝を公開して交換するのだと聞いたことがあります。

なぜでしょうか。

①秘伝は自分だけの方法ですが、開発するのに大変な時間がかかるために一つか二つで終わってしまう。
②そのために、教えてもらえば簡単に、時間をかけずに多くの他流派の秘伝を知ることができる。
③それでこそ「利他」の精神に叶う。

だそうです。

だいぶ、秘伝の扱いも変化してきたようです。秘伝が本当に有効であれば、世のため人のためという利他の心のある人物がそれを持つのは、悪いことではないと思います。

(7) 暦の差をどう解釈するか

さて、話を暦に戻します。暦の違いとは流派の違いである、というところまでお話ししたと思います。

ところで、みなさんは何か習い事をする時に、どのように師匠を選びますか？ 師匠の経歴だけを追って入門を願う場合もありましょう。ですが普通は「お稽古《けいこ》場が近くて通いやすい」とか「先生が優しそうだったから」とかの理由がほとんどだと思います。

これらの理由は一言でいえば「ご縁があったから」です。

ご縁があるとはいい言葉ですが、もっといえば、自分がどの流派に入るかは、ただご縁にすぎないということになるのでしょう。どのような流派でも、せっかくのご縁ですから、初めて入った流派は大切にしなければいけないと思います。

それと同じように、自分がどういう暦を選ぶかもご縁といった方が正確だといえます。

占い師といえども所詮《しょせん》は人間です。ラッキーな時もあれば、アンラッキーな時もあります。まして必ず死にます。みなさんと違うところは全然ありません。全く同じです。唯一違うところといえば、術を使って普通の人よりも多少は運の流れを知っていることでしょうか。

その術者でさえも、ご縁に支配されているのです。『聖天信仰の手引き』（林屋友次郎著、大井聖天大福生寺刊行）という本の中にご縁に関しての記述があるので簡単に紹介したいと思います。

①聖天様は、ご自身が信者様に試されることを待っておられる。それだけどのような願いも叶えてくださる。

②しかし、それには科学的考えが必要である。例えば、新しい薬の開発の論文を読んだあなたはどうするだろうか。一言一句たりとも間違えずに論文の通りにやってみるのが普通であろう。それで論文通りのものができて、初めて心底その論文の正しさを認識するのに違いない。

③それと同じように最初は半信半疑でも構わない。しかし、その拝み方は、きちんと定法通りにしなければならないのである。科学実験と同じように。

④それできちんとご利益がでたならば、もう聖天様を疑う余裕はなくなり、聖天様にずっと信頼される信者になれるといわれる。

これを暦に関していいますと、初めて自分が手にしたものを信じて占断してみるべきではないでしょうか。それでどうしようもなく外れていたら、自分で新しく実験してみればよいのです。

宗教であれば「潔くそんな信仰など捨ててしまえばよい」といえますが、不安になるのは、自分で実験ができないからです。ですが占術は実験ができます。

さんざん実験をして「この暦はダメだ」というのであれば、暦を変えるべきです。それすらもしないで「この暦はインチキだ」というのであれば、暦を使った占術は捨ててください。いや、占いすら実生活から除外してください。それだけ暦には歴代の大勢の研究者達の思いがぎっしり詰まっているのです。

それに暦がズレているといっても、1か月も2か月もの長い時間ではありません。実験は簡単にできることをお忘れにならないようにしてください。

4 九星術の射程

(1) 命理占術・卜占術・方位占術まで扱える

九星術は命・卜占術・方をカバーするといいましたが、どうしてそれがよいのでしょうか。

それは一つの理論と一つの術で、命理占術・卜占術・方位占術ができているからです。もちろん、それらは占術ですから、占術は占術なりに難しい部分はあります。

しかし、一度覚えた判断方法は、命理でも卜占術でも方位でも活用ができるのです。ところどころに易の理論があったりしますが、それとても易の八卦《はっけ》と九星とでは違いがあるのは五黄土星であって、残りは易の理論と一致しています。

一白水星＝坎水《かんすい》の卦《け》
二黒土星＝坤土《こんど》の卦
三碧木星＝震木《しんぼく》の卦
四緑木星＝巽木《そんぼく》の卦
五黄土星＝対応なし
六白金星＝乾金《けんきん》の卦
七赤金星＝兌金《だきん》の卦
八白土星＝艮土《ごんど》の卦
九紫火星＝離火《りか》の卦

ですから、九星術の判断方法をしっかり学べば、同時に易の概論もできることにもなります。

九星術の素晴らしさはこの点にあるのです。

ところで、この対応では五黄はどこに変換するのでしょうか?

五黄土星は特殊な星です。中央という位置だけがあって、時間や方位、季節といった象意はありません。

九星術だけで判断するのであれば問題はないのですが、易に直すとすると（傾斜法のことをいいます。詳しくは後ほど解説します）、どこかに移動しなければなりません。この方法こそが、各流派の秘伝になるのです。

命術では、基本的に男女の区別で分ける方法と、陰遁生まれか陽遁生まれかで区別する方法とがあります。

四正は避けて、乾・艮・巽・坤のどれかに分けますが、それ以外にもあります。五黄土星は強力な星ですので、中央にある場合は何の問題もないのですが、中央（中宮）にある時以外は、五黄のある宮は五黄殺《ごおうさつ》の凶とし、その反対を暗剣殺《あんけんさつ》の大凶の宮とするのです。

命術としてですが、基本的には五黄土星は男性であれば坤に変化させ、女性であれば艮に変化させます。

卜占術では変化させないでも問題はありませんが、各流派によって変化があります。これも一人一流派なのです。

（2）凶運の対処法

では、九星術で「凶だ！」と出たらどうするのでしょうか。

術は完璧完全ではなく、易にしろ、四柱推命術にしろ、紫微斗数推命術にしろ、的中率は１００％ということはありませんが、ある事象については「凶を無効にする」こともできます。

その第一に活躍する術は方位術になるのですが、これも九星術でできているのです。まして奇門遁甲と違う点は、九星方位術は個人差が出るというものです。

奇門遁甲では、方位が凶といったら凶しか出ません。吉といったら吉しか出ませんが、本当にそうでしょうか。奇門遁甲は最初から軍学として発達してきたようです。ですから基本的に個別判断はしません。そもそも戦には勝ちと負けしかないのです。すると、大勢の人間が一度に動くという時には使えるということになります。

そういっても現実には、勝った軍勢の側にも戦死者が出ますし、負けた軍勢の側にも生き残りが出ます。つまり、１００対０ということはなく、吉といっても凶の部分は出ますし、凶といっても吉の部分が出るのです。しかし、戦の勝ちは確実に勝ちと出るのが奇門遁甲です。

それに対して九星術では九つの個体に分かれて判断ができます。それだけ余裕があるということでしょうか。奇門遁甲より簡単にいうと９倍細かく判断できるのですが、軍隊ほどではなくても、例えば一家四人がピクニックに行くという時には、極端にいうと四人が四人とも違った方位が吉だという判断が出ることもあります。

こういう時には、その家の中心人物をご主人であるとみて判断するのですが、主に九星術は個人向けの判断になるようです。ですから、個人差を考える現代のような時代には向いているといえるのではないでしょうか。

その個人向けの術であなただけの吉方位を探して移動すれば、それが開運方位となるのです。

それでは、このように個人を重視した九星術を命理占から紹介していきます。

第1章

九星命占術

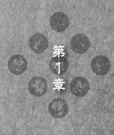

1 宿命占と運勢占

(1) 命理占術とは何か

第1章でお話しをする占術は、俗にいう「命理《めいり》占術《せんじゅつ》（命占《めいせん》ともいいます）」です。九星術では、九星盤を使って命理占術（命術）を実行して、その人の状態すべてを解き明かそうとする占術です。これは「宿命占《しゅくめいせん》」ともいって、一生の間、全く変化しません。不変不動のものとして判断するものです。

ところが、人は時間の中で生きています。時間的存在であるといってもよいでしょう。幼児の時と青年の時とは違いますし、成年期もまた別で全く同じとはいえません。もっといえば、実年期も熟年期もまた違うのです。

この変化をしている時期にどういうことが起こるのかを占う術を、「運命占《うんめいせん》」として命理占術の中に存在しているのです。

つまりどんな術でもそうですが、ここでいう命理占術（命術）とは、その人の生年月日をもとにして、

> ① 本人が天からもらった先天的な感性やさらに性格など（これを「宿命」といいます）を解き明かす。

ものと、

> ② 毎年刻々と変化する時代に対応して反応する「運勢」を解き明かそうとする。

ものを同時に持っているのです。

もちろん占術としてはこの二つを同時に判断できなければなりません。命術とはそのように仕上

がっているものなのですから。

　さて、宿命占術と運勢占術とは、同じ一人の人間を占いながら、その切り口がまるで違い、それはあたかも繊維製品の縦糸と横糸のようなものなのです。が、その二つで反物が仕上がっていたり、あるいはそれで立体物である服ができていたりするように、「二つで一つ」なのです。

　それはこのようにいうことができます。

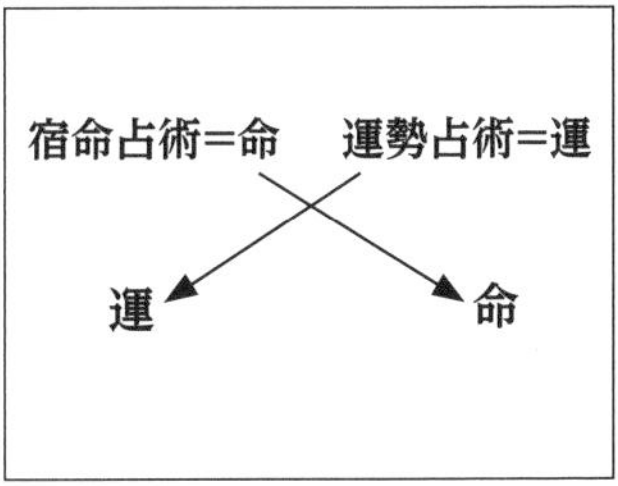

　つまり、宿命＋運勢＝運命ということだと考えてください。
　それで初めて人の運命を占うことができるのです。

（2）何で占う？

一般の九星術の書籍では、「先天盤《せんてんばん》」とか「後天盤《こうてんばん》」、あるいは、「河図《かと》」とか「洛書《らくしょ》」といった重要な原理原則的事柄もありますが、そういったものは必要とあればその都度お話をすることにして、今は「どうやって占断するか、占うか」に的を絞って記述していこうと思います。

命理占術のうち、宿命占を行う時には、初級レベルでは、あなたの生まれた年の「本命星《ほんめいせい》」で占うことになります。本命星とは「何年の何月何日」とあなたの生年月日を聞いて、「あなたの本命星は四緑木星です」とか「僕は八白土星の生まれだ」というように、暦から割り出した「一年を表した星」です。これは一生変わりません。

ただし、春分までは前の年として計算します。例えば、昭和52年1月31日生まれの人は、暦を見ますと節分前ですから、前の年の「昭和51年」と考えて「丙辰年　六白金星」と判断することをお忘れにならないようにしてください。本書の「六白金星」の部分をよく読んでいただければ、大体の運勢はおわかりになると思います。

なお、中級レベルでの生年盤と生月盤とを加えて判断する「傾斜法《けいしゃほう》」はこの次に詳しくお話しします。

2 本命星だけでどこまでわかる？

（1）直感と連想を大切にすること

生まれた年の本命星を使って、どのように占っていくのかをこれから述べてみようと思います。

ただし、ここで書かれている物事は、「大体、このような傾向がある」という初級レベルですので「ああ、ここは当たっている」とか「こんなことは自分にはないいんだけどなぁ」とか考えながら読んでください。

同時に、九星術には「傾斜法《けいしゃほう》」といって、生年盤と生月盤から出した宮《きゅう》を使って、その方の隠れた性格や人生全般を判断する方法も存在します。ですから、正確にはこの表の性格＝生年宮と、裏の性格＝傾斜宮とで「一人の人間が持つ性格」とするのです。

決して簡単に「ああ、この人は三碧木星だから～」などと初級だけでは判断しないでください。傾斜宮を見る時には、「暗剣殺《あんけんさつ》」、「五黄殺《ごおうさつ》」、「月破《げっぱ》」なども判断材料に入れます。

なお本命星や傾斜法を使って占う時、いや一般に「運命学」という術を使って占うために必要なことは、術者の直感力と連想力だといえます。これ失くして十分に占ったとはいえないのです。

占いが自分自身を指して、「科学だ」といわずに「アートだ」という所以です。とにかくこれを十分に生かして判断してください。

（2）五行について

再度九星を並べてみましょう。数字の若い順にいいますと、一白水星、二黒土星、三碧木星、四緑木星、五黄土星、六白金星、七赤金星、八白土星、九紫火星となっています。これは不思議な言葉です。

九星の並びは「一白、二黒、三碧……八白、九紫」となっていて、この「一白」と「九紫」を合わせて「紫白星《しはくせい》」といいます。

そして後半部分は「五行《ごぎょう》」になっています。五行とは自然界を「木・火・土・金・水」という五つの要素に分けたもので、この五つの要素が互いに助け合ったり（相生《そうじょう》）、傷つけ合ったり（相克《そうこく》・相剋《そうこく》）して、吉凶が出る（吉凶が生じる）と考えます。

これは簡単な理屈で、相生は、木↓火↓土↓金↓水の順番に並び、相克は一個おきに木↓土↓水↓火↓金と並ぶのです。

作用を及ぼすのは、矢印の方向へ、というのが決まりとして存在します。

この、相生相克は毎回いろいろな場面で出てきますので、大切なものです。是非、覚えておいてください。

あと、干支が「十干《じっかん》」と「十二支《じゅうにし》」に分かれていて、これも五行を持っていのです。さらに五行は季節（時間）をも表し、中心点から見た方角（空間）をも表し、さらに細かく「丑の刻（1時〜3時）」とか「申の刻（15時〜17時）」とかの時間をも表しているのです。次ページの図を参照してください。

それでは、次から本題に戻って、本命星（生まれた年）で判断していく運勢をお話ししていきます。

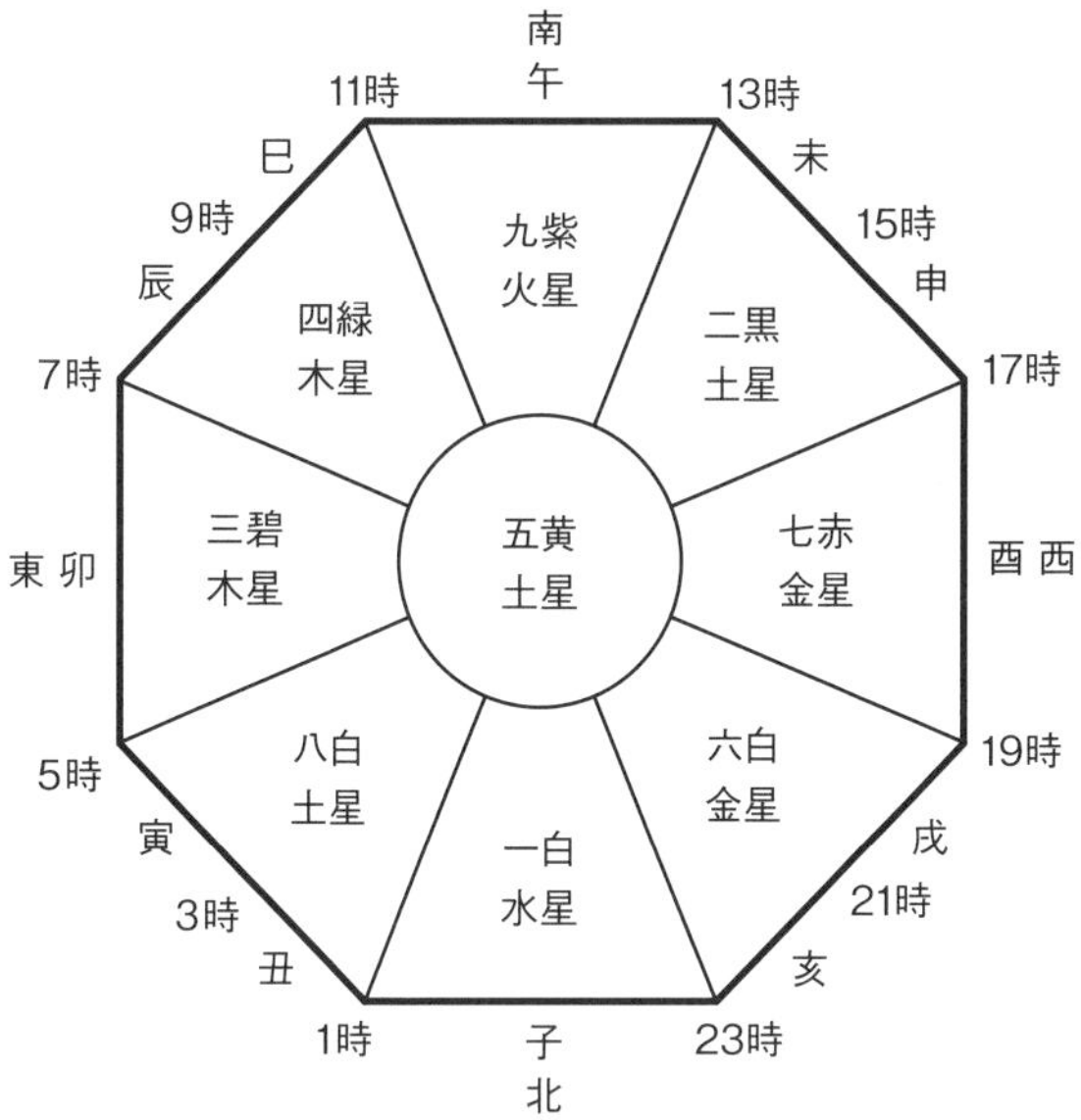
南
午
11時
13時
巳
未
9時
15時
辰
申
7時
17時
九紫
火星
四緑
木星
二黒
土星
三碧
木星
五黄
土星
七赤
金星
東 卯
酉 西
八白
土星
六白
金星
一白
水星
5時
19時
寅
戌
3時
21時
丑
亥
1時
23時
子
北

③ 本命星ごとの簡単な運勢

一白水星年生まれ

一白水星《いっぱくすいせい》は、易卦の坎水《かんすい》に相当する星になります。ですから、当然、水の性質（水の精）を持っているといえます。

五行	……水
十二支	…子
季節	……冬（12月）
時間	……23時から1時
色	………黒
方位	……北（子の方位）

一白水星とはどんな星？

水はどんな器でも容器にでもピッタリと注げますので、柔軟性や従順性があると考えられます。さらに通常は液体ですが、冷えれば氷になり熱を与えられれば気体にもなりますから、柔軟性や従順性がやはりピタリと当てはまります。

さらに、水は生き物すべてにとって絶対に必要でありながら、与えられる評価は限りなく低いという特徴があります。

水は大船をいとも簡単に浮かせたり運んだりしますが、ひとたび水が荒れると洪水や高波となって人々の生活を根本から覆してしまうといったように、ものすごく柔軟な面と非常に荒々しい破壊といった、相反する性格を持っているのです。

一白水星年生まれの基本的性格と運勢

▼思考タイプであって行動タイプとはいえない性格です。
▼基本的に水の精を持っているので、自分が選んだ環境に素早く順応していくパターンを持っています。
▼義理堅いところがありますが、そうそう自分を出さないので、他人が理解するのに時間がかかりやすいかもしれません。
▼何事にも熱心で、とことんまで実行しますが、それも自分自身の中だけで、自分の中の限界を超えれば、さっと諦めたり止めたりしやすいでしょう。
▼苦労性で神経質なところがあり、そのために変な部分では強情だといわれたりしやすいでしょう。
▼見えない部分で、気位が高いというか、簡単には妥協しないところがあります。これも強情といったらよいのでしょうか。
▼サラサラと流れるように進んでいった方が何事も上手くいきやすいといえます。これは水の精を生かした生き方でしょう。
▼持っている才能を生かした仕事ができれば長く続くといえます。
▼恋愛問題や愛情問題を起こしやすい人が多いようですが、知らないうちに周囲がアッという事をやってのけるので、むっつりスケベだといわれたりします。
▼経済的には大金持ちは少ないでしょうが、一般に食べることには困らないレベルだといえます。
▼異性に対してはしつこいくせに、プライドが高いために、孤独を好のみやすいといえます。こういう点が、他人から見たら「わかりにくい」といわれる原因かと思います。

▼女性の場合は、献身的な人が多いといわれます。
▼若い頃はさまざまな苦境を乗り越える傾向にありますが、どちらかといえば中年運で、40歳代に大きなチャンスがあるでしょう。

一白水星年生まれの仕事運・事業運

水が高い所から低い所へ流れるように、常に一定に流れることから、あなたの仕事運・事業運はコツコツと実績を積み上げていく努力家タイプだといえます。これだと面倒な仕事や問題がある仕事でも、しっかりと仕上げることができると思います。

また、故郷を離れての仕事は大吉です。そういうパターンになったのであれば「吉運が向いてきた」と考えてください。

とはいえ、若いうちの仕事運はかなり悪いです。ですが「頑張れば夢は叶う」という言葉を心に刻んで、頑張ることです。活躍できる時期は中年になってからです。

若い頃、上手くいかなかったことが経験になり、「どうしたら……」と毎回考えることで問題や困難を乗り切ることができると思います。頑張っていきましょう。

一白水星年生まれの金銭運

金銭運ですが、生まれつき金銭には不自由しない運にあるとはいえ、あなたが持っている本質が水のために、油断をするとお金がどんどん流れ出してしまいかねません。

特に一攫千金《いっかくせんきん》を狙ったり、寝ている間に儲けようと考えたりすることは全く向いていません。コツコツ稼ぐことが一番の金儲けなのです。

中年期になると、それまでの努力が思いがけないかたちで開花するでしょう。業績は晩年まで続いて安泰になるでしょう。

一白水星年生まれの恋愛・結婚運

恋愛には冷静な部分があるので、燃えるような恋愛とはあまり縁がありません。ですが、基本的に水の性質を持っているので、恋愛とは全く無関係ではないのです。

ですから、知らないうちに結婚していたとか、恋人をさりげなく紹介したりすることもあります。

一白水星の人は、一度相手を好きになると二人の関係は全く変化をしてしまって、相手にもそれなりの見返りを求めてしまう傾向があるのです。一般に、恋愛においてはあまり押しが強いと上手くいきません。この点を注意してください。

かたちにはこだわらない面が表に強く現れるのであれば、同棲したり、形式だけ結婚をしていながら別居生活をしていたりということもあり得ます。

自分一人でどんどん決めていかないで、必ず相手と心から話し合った方が上手くいくでしょう。

一白水星年生まれの家庭運

家庭運は、基本的にあまり恵まれた運ではないかもしれません。幼い頃に両親が離婚したり、死別したりして寂しい運である傾向が強いのです。これは九紫火星の年月に生まれたからとか、傾宮で離宮傾斜（九紫火星です）であるとかの場合と大変よく似ていて、いわば宿命的なものです。

あるいは、年を取った両親の面倒見ていて、結果的に婚期を逃したりするとか、いろいろなことがあるかもしれません。自分を犠牲にしてまで家族を守ろうとしますが、あまりやりすぎると亀裂が生じてきますので、上手に対応してください。

一白水星年生まれの健康運

一白水星というように水の精を持ちますから、水に関する点に注意をすればよいでしょう。

まず、泌尿器や生殖器に関する病気には注意が必要です。

女性についていうと、極度の冷え症には注意してください。子供さんが持てなくなる傾向がありますす。さらにいうと腎臓の病気には注意が必要でしょう。

身体はそれほど丈夫ではありませんので、なるべく無理をしないで過ごすべきです。

二黒土星年生まれ

二黒土星《じこくどせい》は、易卦の坤土《こんど》に相当する星になります。易の世界では母なる大地の意味を持っています。

五行……陰の土
十二支…未・申
季節……7月・8月（新暦）
時間……13時〜15時・15時〜17時
色………黄色
方位……南西（未・申の方位）

二黒土星とはどんな星？

易の坤土は、母なる大地を意味しますが、九星術の二黒土星も同じように母なる大地を意味しています。ということは、天地一体となって、大自然を育み育てていくのですが、天があって、さらには太陽が照らし、それを大地が受けて、直接草木や野菜を育てていく。

そこには大きな慈しみがあり、さらに天から降る雨や雪をも自身の中に包蔵するおおらかさや柔軟さを持っているといえます。

ものを育む、ものを育てることにおいては九星随一です。

二黒土星年生まれの基本的性格と運勢

▼基本的に地味で目立ちにくい性格だといえます。

▼外面は柔らかく人当たりはよいのですが、反面、その内面は剛毅な雰囲気を持っているでしょう。言い方を変えると、とにかく堅実で忍耐強いのです。

▼真面目で、何をするのにもゆっくりと動きやすい傾向にあります。

▼経験や伝統を大切にしがちで、後手に回りやすい傾向にあります。どちらかというと、先手必勝はめったにやりません。

▼損得なしでよく働きますが、どちらかといえば優柔不断なところがあります。そのため、トップには向いていません。参謀のようにナンバー2以下に向いています。

▼女性の場合、良妻賢母の傾向があります。男性の場合でも人を育てる仕事に適性があるでしょう。

▼美的センスに疎く、新しい物事に向かっていく気概はないといえます。それよりも、組織の中で与えられた仕事をきっちりとこなす方が上手くいきます。信用を得られるでしょう。

▼場合によっては吝嗇《りんしょく》＝ケチだと見られることがあります。

▼じっくり、ゆっくりと人生を進む傾向がありますので、50歳からの晩年期に吉運がやってくるでしょう。

二黒土星年生まれの仕事運・事業運

二黒土星は、母の星ですから地道にコツコツとやっていく仕事であれば、どんなものであっても向いているといえます。一攫千金を夢見て、株や投機に手を出すことはしない方が安全でしょう。

ということは、長期的視野に立って自分を判断した方がよいといえます。

自分には何ができるのか、自分は何に向いているのかを若いうちから見つけて、資格を取るとか技能を身につけるとかした方がよいでしょう。

あるいは、庶民的なモノや大衆的な仕事に就いた方がよいかもしれません。例えば、スーパーマーケットや衣料品関連、あるいは不動産関連であれば、やりがいも見つけることができるでしょう。

二黒土星年生まれの金銭運

コツコツ型の二黒土星年生まれですので、若いうちは、急に大きな金額を動かすことはしないし、できないかもしれません。実年になる頃にはそういった心配はないかもしれませんが、今度は同情からうっかりすると大きな損失を被ったりすることがあります。

お金を大切にするので、その方針でやっていけば、それなりの金額を手にすることができると思います。

二黒土星年生まれの恋愛・結婚運

二黒土星という星の性質を考えますと、静かに愛する、相手を思うといった恋愛が考えられます。浮ついた恋愛沙汰ではなく、そして広く浅くではなくて深く狭い範囲で相手を愛するといった恋愛になるでしょう。

ですからどんどん前に進むといった雰囲気ではなく、気の利いた台詞などは到底、言えません。それでもあなたの誠意に気がついた方が伴侶になってくれるでしょう。

恋愛が始まると献身的に相手に尽くします。それが押しつけにならないように注意してください。必要なことはきちっとすること、そして相手にしっかりと言うことが大切です。

結婚は、このような時代であってもお見合いで決まることが多いでしょう。結婚すると家庭的な面がほどよく現れて、良き父親や良き母親になれると思います。

二黒土星年生まれの家庭運

星から考えますと、家庭運はすこぶる良好です。両親からの愛情をふんだんに受けて育てられた経験から、家族や親せきつき合いが多い相手と結婚しやすいといえます。

ですが、反対に年を取った両親を見捨てられず、最後まで面倒を見ていて婚期を失ってしまったり、晩婚になったりしやすいということも考えられます。それでも暖かい家庭を築くことができると思います。

決して諦めないで前向きでいることが大切になるでしょう。

二黒土星年生まれの健康運

二黒土星は胃腸を中心とした星ですから、健康な身体を持っているといえます。身体を動かして働いていれば何でもありませんが、最近のようにパソコンなどをやっていると、まず肥満に注意です。それに胃腸が丈夫であるからこそ、ちょっとした不調や痛みには十分に注意が必要です。

特に、胃がんや大腸がんには要注意です。食欲不振や下痢、その反対に便秘などには十分に注意してください。

さらに土の象意には皮膚があるので、皮膚病や睡眠障害、そこから生じる病気にも要注意です。何かあったらすぐに病院に行かれるよう、普段からかかりつけの家庭医をしっかりと決めておいた方がよいでしょう。

三碧木星年生まれ

三碧木星《さんぺきもくせい》は、易卦の震木《しんもく》に相当する星になります。三碧木星は東に位置し、物事の始まりを意味していると考えられます。物事の始まりで前進する力を持っています。

五行……陽の木
十二支…卯
季節……春（3月・新暦）
時間……5時〜7時
色………青・碧
方位……東

三碧木星とはどんな星？

三碧木星は、物事が新しく始まるということを宣伝する、いわばドラが鳴っていることを暗示しています。これを眺めた人は、声あって形なき姿と感じられたのでしょう。きっとドラの音があまりにも大きかったのではないでしょうか。

ここから、希望や実現、発展、活動、躍動などの意味が出てきます。ですがまだ実践が足りないので、若さや焦り、未熟、行き過ぎ、これからといった意味合いもあります。

春の季節と同じようにこれから新しい時代が始まるのです。

三碧木星年生まれの基本的性格と運勢

▼性格は明るくてやる気がある、発展家タイプです。

▼とにかく社交的で行動的な性質です。じっくり説明しているよりも、まずは動くといった行動をしやすいのです。

▼勘が鋭く、歯に衣を着せずにズケズケと物事を言いやすいタイプでしょう。直感勝負でわりと上手くいく方です。反面、勉学ができる方ではありません。どちらかといえば、スポーツマンタイプでしょう。

▼負けず嫌いでテンポが速く、困難に立ち向かう勇気があります。その上、やたらと白黒をきっちりとつけやすいです。

▼小さなことにも大感激をしやすい人物だといえます。傍から見ていると、そうしたギャップが面白いと思われるでしょう。

▼自分の考えに自信があって、人生に希望を持っていますが、いったん運が悪くなると、先走りや勇み足が多く、あらゆる場面で一人相撲を取りやすいといえます。

▼弁が立つわりには小さなことしかできなかったり、言うだけ言っておきながら、後始末は全然ダメだったりすることもあります。

▼女性は流行に敏感で話題が豊かです。ただし、異性の好みと同じく、物事の好き嫌いが激しく、熱しやすく冷めやすいといえます。

▼人生の幸運は初年期でしょう。25～40歳くらいがピークです。

三碧木星年生まれの仕事運・事業運

三碧木星年生まれは積極進取の気性があって、新しいもの好きです。行動を苦手としないタイプですので、普通の仕事運や事業運はかなりよいでしょう。早くから「あいつ、やるな！」という評価を受けやすいといえます。

ですが、あまりにも進みすぎるとマイナスが出やすいもの。「せっかちで、自分勝手すぎる」とか「何でも自分の思う通りにいくと思っている」などの悪い評価も出やすいから注意しましょう。若くて集団の中にいる時には、急がないこと、焦らないこと、こだわらないことを心がけてください。

調子に乗りすぎると軽い言動が目立つようになってきますから、周囲にアドバイスしてくれる人を置いた方が無難です。自分自身では気がつき難く、致命的なミスをしがちだからです。自分の思ったことは独立してから行った方がよいでしょう。

さらに「突き進もう」とする時には、運気後退の暗示だととらえて、今一度、自分がこれから行おうとしていることは本当に正しいのか否かを、しっかりと考え直してみましょう。

もともと仕事運や事業運はある方ですから、十分に心して励んでください。

三碧木星年生まれの金銭運

金銭運もかなりある方です。お金には困らない反面、周りから見ると「無駄遣いをしているな」と感じられるほど、お金を雑に扱っているようです。

大金持ちであれば問題ではないのですが、一般人では金銭運も運ですから、吉があれば凶もあります。凶になった時どうするかを若いうちから学んでおいた方がよいと思います。

ギャンブルや投機などもほどほどが一番です。チャンスと見たら突っ走るタイプが三碧ですから、常にほどほどを心がけてください。

三碧木星年生まれの恋愛・結婚運

「馬車馬のように」とか、「猪突猛進に」とかいう言葉のように、まっすぐに、ストレートに進む恋愛をしそうです。そのために、恋の駆け引きは度外視しかねません。

トラブルを避けるためには、少しは落ち着いて、大人の恋愛を経験してみるとよいでしょう。結婚は早い方です。行動のわりに男性は甘え上手ですから、どちらかといえば年上の女性のモテると思います。

女性は、相手の条件にこだわる傾向にあります。高望みがネックになりやすいです。結婚してからは、主導権を握って口うるさい奥さんになりやすいでしょう。

三碧木星年生まれの家庭運

明るい性格で、大勢の人々に愛されて育っていく暗示があります。祖父母に甘やかされると、もともとのわがままな面がさらに助長され、厄介なことになります。あまりにも自分勝手でわがままで、家族の反発を買ってしまいやすいのです。

結婚はわりと早い暗示が出ていますので、こういった点が酷くなると、離婚という可能性も出てきます。

特に男性は「仕事が一番大事だ」と仕事一本に絞ってしまい、家庭や家族の事が二の次になりやすいので注意してください。女性はわかっていても親切にされたり優しくされたりするのが好きなのです。

女性は反対にわりと上手くやっていけそうです。30歳から40歳くらいに我が家を持てそうですので、頑張ってください。

三碧木星生まれの健康運

三碧木星を持っている方は、例えばスポーツ選手が多いように、身体を動かしたり声を出したりすることが好きな人が多いようです。ですから、一般に身体は健全だといえます。

しかし物事には必ず裏があります。あまり自分自身を過信すると、思わぬ怪我《けが》をしたり、病気の発見が遅れたりして大事になりやすいので気をつけましょう。

特に若いうちのスポーツで怪我をした場合、完治させないと後になって神経痛とかマヒに悩まされたり、リウマチになったりしやすいので注意が必要です。

また三碧木星は神経を表します。特に女性に多いのですが、ノイローゼになったり躁鬱《そううつ》病になったり、ヒステリーになったりして悩むこともありそうです。

四緑木星年生まれ

四緑木星《しろくもくせい》は、易卦の巽木《そんもく》に相当する星になります。陽の気が起こって、さらに整い、成長していく事柄を暗示しており、実際にもそうしようと動いている活動を表しているのです。

五行……陰の木
十二支…辰・巳
季節……4月・5月（新暦）
時間……7時～9時・9時～11時
色………緑
方位……南東（辰・巳の方向）

四緑木星とはどんな星？

四緑木星は、風の精がメインの星です。風は右から吹いてきたかと思えば、今度は左から吹いてきたり、さらには前から後ろからと、一定の流れを持っていません。風は自由自在な雰囲気を持っています。

同時に、植物の成長する姿にも似ています。どこに向かって伸びるかはわからないが（自由自在）、伸びると決まっているので、大きく成長する姿に例えられます。

これは、一白水星で物事が始まり、二黒土星で大地の力を受けて、三碧木星で物事が進展し、四緑木星で物事が整うといった感覚でとらえることもできます。

そのため、信用とか信頼とか完成するとかの意味を持ちます。

四緑木星年生まれの基本的性格と運勢

▼他人との交際が上手くていろいろな友人を持つタイプです。
▼基本的に、初対面の人にも優しくて、人当たりがよい人物でしょう。面倒見はよいといえます。
▼プライドは高く、負けず嫌いですから他人とつき合うのにも、ちゃんと損得勘定が入ってきます。
▼合理的というのか、チャッカリしているというのか、利益に大変敏感です。
▼本人は要領よく立ち回るため味方は多いでしょうが、その分、敵も多いはずです。
▼欠点として、物事に動じない点は素晴らしいのですが、話が大きく、時としてウソになったりホラになったりしやすい点が挙げられます。
▼わがままで意地悪でありながら、愚痴をこぼしやすいです。これは移り気で決断力のないことが原因かと思われます。
▼女性の場合、かゆいところに手が届くといった、気配りの面があります。
▼純情で、情熱的な部分があり、男性からエスコートされるのを待つという点が強く感じられます。
▼人生の幸運期は25歳から45歳あたりに強く出るでしょう。

四緑木星年生まれの仕事運・事業運

四緑木星は信用と信頼の星ですから、多くのことに関して上手くやっていかれるでしょうし、さまざまな人々から重宝されると思います。

同じ木星でありながら三碧の活動性があるのと違って、落ち着いた大人の雰囲気を持っているので、大勢の方から信頼を受けて、あるいはバックアップを受けて仕事が上手くいくのです。

若いうちは上司や先輩から認められて、バリバリ仕事ができるでしょう。中年になるとそれなりのポストにいて、多くの後輩の世話をしますが、ここで注意すべきは、気まぐれや優柔不断さ、気がころころ変わるといった、風の精の悪い面が出てくることです。

どんな仕事でも悩んだり上手くいかない時はありますが、四緑木星は気が変わったり、優柔不断になったりする程度や時間が酷かったり長かったりして、大勢の方に迷惑をかけますので、その点には厳重に注意してください。

適職としては、渉外関連に向いているといえます。さらには遠方の意味がありますので、旅行会社関連や交通関連、貿易関連にも向いています。

四緑木星年生まれの金銭運

四緑木星年生まれには、それほど金銭をしっかり貯めるといった暗示はありません。どちらかといえば、貯めるよりも使う方向に縁があるといえます。

だからといって、「お金に困って、あちこち金策に走る」ということはあまりなく、周囲からバックアップを受けやすい運があります。ここらへんは、わりとラッキーだといえるでしょう。

それよりも、仕事の収益がアップしていくので、だんだんと上手くいく可能性があります。ただし、老後のためには交際費や慶弔費の奮発を慎むべきでしょう。

四緑木星年生まれの恋愛・結婚運

四緑木星年生まれの方の恋愛運や結婚運は、男女ともよく異性にモテるといえます。見た目は穏やかなのが四緑木星ですが、実は、かなり情熱的な恋愛をしそうです。

ただし、結婚に至っては、あなた自身の気まぐれな面が出やすいので、慎重に相手を選んでください。いい加減な選び方をすると後で泣くか、離婚にまでなってしまうかもしれません。これは男女揃って注意していただく部分です。

男性は、恋愛に関しては時としてトラブルを起こしやすいパターンがありますので注意してください。もしかすると、一生独身ということにも成りかねません。

反対に女性は、時として玉の輿《こし》に乗る可能性もある一方で、生涯独身を通すなど極端になりそうです。

自分がどちらのパターンかをよくよく考えて、後で説明します開運法を実行してみるとよいでしょう。

四緑木星年生まれの家庭運

四緑木星年生まれの人は、おとなしい面が多分にあります。生まれた時から、周囲の大人より多くの愛情を受けて育つことが多いでしょう。

風の精があるために遠方ということが考えられますが、どちらかといえば、親元を離れて暮らす人もいます。

子供の頃に受けた愛情は大人になっても心に残り、家庭的な人間としてしっかりとやっていくことができるでしょう。家族の協力があれば何事も上手くやっていけます。困難や問題が生じてもくじけないことです。

四緑木星生まれの健康運

四緑木星年生まれは、芯が細く見えて身体が弱いように見えますが、わりと丈夫です。ですが、あまり心配性がすぎると、身体を悪くしてしまいますから注意してください。

身体の弱いところとしては呼吸器関連や気管支関連が挙げられます。気管支炎や喘息《ぜんそく》には十分に注意してください。

それ以外には神経性胃腸炎やヒステリーやノイローゼにも注意です。

年を取ってから循環器系列の病気にも気をつけましょう。

五黄土星年生まれ

五黄土星《ごおうどせい》は、易卦に相当するものがありません。特殊な星です。空間は中央ですが、時間がありません。

先天八卦では中央という空間を認めませんが、後天八卦（九星術）では中央という空間を認めています。さらに時間を求めれば、春夏秋冬に存在する土用ということになります。一日の時間は存在しません。

五行……土
十二支…ありません。特殊な星です。
季節……ありません。強いていえば、春夏秋冬の土用です。
時間……ありません。特殊な星です。
色………黄色
方位……中央

五黄土星とはどんな星？

後天定位盤では中央に位置するのが、この五黄土星になっています。中央に位置するために「皇帝の位」とか「帝王」とかに例えられます。

この五黄土星は、中央という空間は存在しますが、時間は存在しない特殊な星なのです。常に中央にいて、四方を凛《りん》とした眼で見回しているのですが、この星が時間を持ってしまうと（つまり中央から出て来ると）、途端に暗剣煞とか五黄煞とかの凶方位が生じてきます。そのために「腐敗の星」や「破壊の星」とも呼ばれることがあるのです。

土星は九星術では三つ現れますが、黒土である二黒土星と、山の土である八白土星と違い、五黄土星は絶対的大地、つまり地球そのものを表しているのです。

この絶対的という点が問題になります。つまり、大地は草木を育てはしますが、時には草木を枯らしてしまいます。このように、九星はどんな星でもプラスとマイナスの相反するイメージ（これは、陰と陽といった方がより正確でしょう）を持っているのです。

これは大切なことなので、しっかりと覚えておいてください。

五黄土星年生まれの基本的性格と運勢

▼一般的に強情で、他人の陳腐なアドバイスなど聞かないところがあるようです。

▼大胆で、簡単には他人には屈しないところがあります。

▼肉親の援助は期待できにくいので、独立独歩で何でも行った方がよいでしょう。十分な修養を積んだ方がよいとされます。修養が弱いと、肝心な時に力が出にくい傾向があります。

▼自己顕示欲が強くて、他人に頭を下げることを極端に嫌う傾向があります。傲慢不遜《ごうまんふそん》、自尊心が強い、自分勝手などといわれる傾向にあるようです。

▼ごますりを極端に嫌い、容易には他人様に頼らない傾向にあります。親分肌が強いからです。

▼ピンチに強く、何でも自分で解決しようとします。

▼女性も男勝りで、女親分の雰囲気を持っています。

▼中途半端を嫌い、とことんまで実行する傾向にあります。

▼義理人情に厚いためか、運勢が極端に大きく変化をし、大金持ちになったり一晩で一文無しになったりしやすいでしょう。一度運勢が大きく落ち込むと、とことんまで落ち込んでどん底を味わう傾向にあるので、注意が必要です。

▼五黄土星は晩年運ですので、45歳以降に大きな吉運が巡ってきそうです

五黄土星年生まれの仕事運・事業運

五黄土星年生まれの方の仕事運や事業運ですが、五黄土星が皇帝の星とか帝王の星とかいわれるように、まさに別格です。

統率力と指導力がずば抜けています。強靭《きょうじん》な精神力と粘り強さ、卓越した責任感を持ち、非常に優秀なリーダーシップを発揮できるでしょう。

若いうちは「生意気だ」とか「自分のことしか考えていない」とか批判され、上手くいかないでしょう。

ですが、あなたの手腕が発揮されるのは中年になってからです。若い頃に皆が非協力のためにできなかったことが、中年になってからはしっかりとできるでしょう。指導的立場であれば、より実力が発揮できます。

部下の面倒もよくみて、周囲から慕われるでしょう。

ですが、反旗を翻すサイドに対しては、それなりの行動を返しますので、恐れられたり嫌われたりすることもありますが、そんなことは全く問題にしません。

晩年には懐が深いところと親分的なつき合い方で、一目も二目も置かれるようになるでしょう。

適職はリーダーシップを発揮できるものです。社長業や自営業、自由業、実業家、政治家、金融業などに向いているでしょう。

五黄土星年生まれの金銭運

五黄土星年生まれの方の金銭運は、両極端に分かれています。つまり、貧乏であるのと大金持ちであるのと二極化しているのです。

貧乏はどんなことでも自腹を切って対処するため「あの人はいい人だ」と周囲からいわれながら貧乏で通し、大金持ちの人は、「あの人はなんてガメツイんだ」とか「強欲すぎる」などと陰口をたたかれるのです。

それでも生まれてからの五黄土星は、本人の感覚とは別に、金運には恵まれているといえます。気がつかないのは、本人の希望や自分自身の評価が高いからでしょう。ただし、ギャンブルの才能はからっきしゼロですから、地道に稼ぐしか方法はありません。とにかく、地道にコツコツが金運アップの秘訣《ひけつ》だと心に刻んでください。

五黄土星年生まれの恋愛・結婚運

五黄土星年生まれの方は、意外にロマンチックなところがあります。しかし、いったん心に火がつくと情熱的になります。独占欲や嫉妬《しっと》心が強くなり、異性関係ではトラブルが起きたり、失恋したりする傾向にあります。ですから、ほどほどにと考えてください。それが一番上手くいくと思います。

男性はワンマンで亭主関白タイプですが、人によっては夫婦円満な態度でいられるかもしれません。

一方、女性は結婚してからは、相手に十分に尽くします。

男女共に、結婚する相手をしっかりと選んでいけば、わりとしっかりとした生活を送れるでしょう。

五黄土星年生まれの家庭運

家庭環境も生まれによって違うため、大きく変化するのが普通です。しかし、普通以上に違いが出るのが、五黄土星年生まれであるといえるでしょう。

裕福な生まれと、そうでない環境とでは家庭運もだいぶ違いますし、途中から裕福になっていく家庭と、反対に困窮していく家庭とでも大きく違いますが、共通していえることは、常に現状に満足していないことです。向上心があるといってもよいかもしれません。

ですから、若いうちから責任感があって自立心が旺盛です。中年になれば男性は仕事中心になります。女性は家庭に収まり、育児に家事に精を出して、子育てが一段落すれば仕事にと大活躍をしていくでしょう。

晩年は幸せな生活ができます。

五黄土星年生まれの健康運

五黄土星の健康運は、だいぶよいでしょう。一般的には健康体で、抜群の体力の持ち主だといえます。何か普通ではないことをして、健康に害が出ますが、中年になる頃にはそれもすっかり回復して健康になれるでしょう。

幼い頃は神経性の頭痛とか腹痛になりやすいかもしれません。若い頃は暴飲暴食には注意しておきましょう。

中年の頃にはストレスが溜まりやすいので、定期的に解消してください。そうしなければ、成人病や胃腸病にかかりやすくなります。特に脳梗塞《こうそく》や脳出血、狭心症や心筋梗塞などには十分に注意してください。

晩年は平常心を維持して、無難に送れるでしょう。

六白金星年生まれ

六白金星《ろっぱくきんせい》は、易卦の乾金《けんきん》に相当する星になります。この星は天の性質を表すといえます。太陽も天に存在するのですから、天の尊気は、計りしれないものがあります。

五行……陽の金
十二支…戌・亥
季節……10月・11月（新暦）
時間……19時〜21時・21時〜23時
色………白・白金
方位……北西（戌・亥の方位）

六白金星とはどんな星？

六白金星は天を表しています。天は完全無欠の状態を意味しています。六白は同時に剛金を意味します。これは素朴や剛健を意味します。

剛金を磨いて輝きを得るには相当な時間が掛《か》かりますが、時間をかけただけ素晴らしい輝きが出るというのが、この六白金星の意味です。

五黄土星が影の皇帝陛下であれば、六白金星は表に現れた皇帝陛下であるといえるでしょう。

六白金星年生まれの基本的性格と運勢

▼度胸があって、活動的な性格です。頭領運があるといってもよいでしょう。
▼大きな仕事をしやすく、大局をつかむことが上手いので、仕事で勝負をかけやすいです。
▼独立心が強く、現実的であるといえます。
▼非常に負けず嫌いで、自分がライバルと認めた相手とは、ちょっとの差でも勝ちたいと思うようです。
▼言葉に飾りがないので、若干、損をしやすいといえます。気づかないうちに自分の失言からトラブルを起こすかもしれません。
▼女性は気位が高く、小さなことには構わない、おおらかな性格です。
▼運勢は晩年が吉運で、50歳代から60歳代に大きく活躍をするケースが多いでしょう。

六白金星年生まれの仕事運・事業運

六白金星年生まれの人は皇帝陛下の運気を持っているので、真面目な人ほど、責任感や向上心などに溢れていて、努力を怠らない強い意思と行動力があります。

トップでいたいという負けず嫌いな性分が抜けなくて、部下でいる限りは、それなりの業績を上げているにも関わらず、正当に評価されていないと考えたり、上司との人間関係に不和をもたらしたりしやすいでしょう。ですので、部下でいるよりもその仕事でのトップでいる必要があります。それがあなたには合っているのです。トップに立つというのは、部下にやらせることです。これは、言うことは立派だけれど、自分でやるとそれほどでもないということもあるからです。

適職としては、政治家や弁護士、評論家、会社社長などがよいでしょう。その他にも、医師や宗教家にも向いているといえます。

六白金星年生まれの金銭運

六白金星の場合、金銭に対する執着というか「絶対に儲けるんだ」という感覚が薄い傾向にあります。これも皇帝の星を持っているせいなのかもしれません。

現代日本では皇帝陛下などはいませんので、意識的にお金を貯めるということを覚えていったらよいでしょう。そうでなければ、プライドだけあっておお金は全然ない人物になってしまいかねません。

この点にさえ注意をすれば、晩年の生活は安全だといえます。

六白金星年生まれの恋愛・結婚運

六白金星は情熱的な恋愛を繰り広げやすいタイプです。ただし、愛情表現はわりと下手なため、恋愛を楽しむ雰囲気にはありません。恋愛上手の女性のようなことは全くできませんが、自分なりの愛情表現は豊かです。「そういう不器用なところが好き！」といってくれる相手であれば、上手く成就するでしょう。

特に男性の場合、相手の人柄を重視しますので、結婚に失敗することはないと思います。亭主関白的に振る舞いますが、心は優しく、よい家庭を作れるでしょう。

女性も男性的な感覚で「恋愛よりも仕事が楽しいの」といった雰囲気を持っているために、結婚はやや遅くなりますが、周囲も羨むようなよい夫を見つけてよい家庭を築いていかれるでしょう。

六白金星年生まれの家庭運

六白金星年生まれの人は、家庭運はよいものを持っているようです。男性系統の親せきや親との縁が強く、かわいがってもらえるでしょう。

若い頃は、一家の中心となるか、親せきの世話のために早くから家を離れるかの両極端になりやすいかと思います。中年から晩年は親せきや周囲の人達のよき相談相手となって過ごすことでしょう。これも皇帝の星だからです。

六白金星年生まれの健康運

六白金星年生まれの人は、卵型の顔つきで筋肉質の体型が基本として考えられます。

六白の人はスポーツマンタイプで健康は抜群です。とはいえ、油断をして肉体に無理な運動や仕事を積み重ねることで、徐々に疲労は溜まっていき、にっちもさっちもいかなくなるという危険が隠れています。こういう部分にこそ注意をして、健康維持に気を配るべきです。

また、無理な動きをしたりすると、アキレス腱を切ったり、捻挫《ねんざ》や打撲などのスポーツ上の怪我がおそってくる危険があります。十分に注意をすべきです。

反対に、精神の方は肉体に比べて随分と神経質です。常にストレス発散を上手に行うことを考えていきましょう。

身体上に問題が出るとすれば、心臓病や脳溢血、あるいは高血圧などには注意が必要です。

七赤金星年生まれ

七赤金星《しちせききんせい》は、易卦の兌金《だきん》に相当する星になります。同じ金星でありながら、六白金星は剛金とか鉱石を意味するのに対して、七赤金星は商品となった金銀や貴石を表します。同時に、実際の金貨や紙幣などの現金をも表しています。

五行……陰の金
十二支…酉
季節……9月（新暦）
時間……17時~19時
色………白・赤みがかった白
方位……西

七赤金星とはどんな星？

七赤金星は、製品化された金属製品として表現されます。貴金属を表し、金貨や銀貨、銅貨などのコインも暗示します。ところが現金は入ることもあれば出ることもあります。つまり、儲かることもあれば損失する時もありますので、儲けの時の喜びとは正反対の損失や不足も表します。

あるいは同じ一つの口で、喜びを語り合ったり、反対にケンカや口論をしたりします。つまり、この星も喜びとケンカといった正反対の意味を持ったものなのです。

七赤金星年生まれの基本的性格と運勢

▼易卦の兌金に相当するために口に関係します。ですから一般に、口が上手い人が多いといえます。さらには食べ物好きでグルメな方も多いでしょう。贅沢《ぜいたく》で落ち着きがないタイプです。

▼おしゃべり好きで、他人の言葉をいとも簡単に信用してしまうところがあります。

▼他人からの援助を受けやすく、それで成功する場合もあるようです。

▼お金回りがよくなると、かえって散財したり浪費したりしやすいところがあります。もともとお金に縁はある方なので、上手にやるとかなりの額を貯めることができるはずです。

▼美男美女が多く、美男美女好きで性的魅力に溢れています。

▼人当たりがよいのですが、同時に怒りっぽく、いささか軽率な面も多々あるようです。

▼女性は社交的で色香に溢れていて、流行にはかなり敏感です。悪い面としては異性間のトラブルも多いようです。

▼陽気で派手好みですが、あまり大成しない傾向にあります。

▼人生の吉運は中年期です。40歳代から55歳頃までが活躍の時期になるでしょう。

七赤金星年生まれの仕事運・事業運

七赤金星年生まれの方の仕事運・事業運ですが、六白金星が皇帝の位であるのに対して、七赤金星は少女の位です。純真爛漫《じゅんしんらんまん》でありながら、人の心を読むのが上手く、弁も立ちます。社交上手です。口を表すというのも、頷ける点です。

もう一つ、刃物の意味がありますから、整形外科医とか一般外科医とかの職業も向いています。口の意味と合わせると、料理人にも向いているといえます。また少女ですから華やかな職業にも適性があるといえます。芸能タレントや歌手にもピッタリです。

若いうちは飽きっぽい性格が見え隠れするため「わがままな子だ」という評価は避けられません。中年になると順調に進むチャンスがやってきます。晩年には面倒見のよさが現れ、部下の助けを大いに借りられるでしょう。

七赤金星年生まれの金銭運

七赤金星年生まれの金銭運ですが、この星は現金を表しますので、金銭との縁はかなりあるといえます。困った時には、必ず何らかの助けがもたらされるでしょう。ですが、一般にいう現金とは、さほど大きな金額にはなりません。そこがちょっと辛いところでしょうか。

若いうちにお金で苦労したり、親の苦労をみたりした場合は、金銭感覚が優れて財を成しますが、甘やかされて育つと浪費癖がついて、それが治らなくなるかもしれません。

親の教育がものをいうでしょう。大金持ちになるためには、若いうちは浪費をしないように心がけ、中年になった時には仕事に打ち込んでいきましょう。それによって晩年には金銭運が安定していきます。

七赤金星年生まれの恋愛・結婚運

七赤金星年生まれは、自分が意識しようとしまいと、セックスアピールが強く、非常に早熟なタイプです。開放的で明るく、会話が楽しい情熱家ですから、異性からモテることは疑いもないことでしょう。

時として、「この人！」と思った恋愛が、相手にとっては単なるお遊びだったり、反対に自分が遊びだったりします。ズルズルと不倫を続けるとか、あるいは不倫だと長いこと気がつかなかったということもあるでしょう。これらは恋愛にロマンを感じすぎるからです。

七赤金星の人は、どういう人間を恋愛相手や結婚相手に選ぶかによって、人生が１８０度変わってしまう可能性があります。

取り返しのつかない結果にならないようにしなければなりませんが、それには晩婚の方がよいといえます。

七赤金星年生まれの家庭運

七赤金星年生まれの人は、苦労をしやすい傾向にあります。いろいろなケースが考えられますが、人生上では苦労だと本気で思える時期があるのです。

それも若い頃に苦労をしやすいのですが、苦労して育った場合は中年からはしっかりした人になりますが、甘やかされて育った場合は、自分勝手になりやすいでしょう。

家庭運をみますと若い時と中年の頃、晩年の頃と男女共に和気藹々《わきあいあい》とした家庭を作ろうとする傾向があります。ただ、女性は自分の子供に対する対応が激しくなりやすいかもしれません。

七赤金星生まれの**健康運**

七赤金星年生まれの人は、長寿な方が多いでしょう。食べ物にうるさいので、安全な食物を求めやすく、健康には気を使うからです。

ですが、高価な食べ物を求めすぎて、贅沢《ぜいたく》病になりやすいともいえます。つまり、コレステロールが高く、それによって障害が現れたり、不調を感じたりしやすいといえます。

若年の頃から中年までは、呼吸器系や循環器系の病気には注意が必要になるでしょう。晩年には胃腸など消化器系には注意してください。

八白土星年生まれ

八白土星《はっぱくどせい》は、易卦の艮土《ごんど》に相当する星になります。二黒が平地の土だとすると八白土星は山の土だといえます。平地の土が作物を作ってくれるのに対して、山の土は樹木を育てます。

同じ土でありながら、その性質がだいぶ違っています。

五行……陽の土
十二支…丑・寅
季節……１月・２月（新暦）
時間……１時〜３時・３時〜５時
色………黄色
方位……東北（丑・寅の方位）

八白土星とはどんな星？

八白土星は、二つの反対の意味を持っていますが、十二支で判断するとその意味がはっきりわかります。

八白土星は十二支では丑寅に当たります。丑は停止や止まるという意味を表し、寅は物事の始まりや開始、再生といった反対の意味になっています。これは仕方のないことで、丑は冬の終わりであり、寅は春の始まりであるからです。

八白土星ほど全く正反対の意味がしっかりと出ている星はありません。

八白土星年生まれの基本的性格と運勢

▼真面目で正直、克己心がある人物です。曲がったことが大嫌いな性格です。

▼保守的というか古風な考え方を持っており、何事もマイペースでやっていながら、確実なことをしっかりと狙っていくタイプです。

▼仕事机でも家の中でもきちんと整理整頓ができる人です。こういう人物ですから貯蓄もしっかりしています。

▼独占欲が強く、諦めが悪いです。七転八起して家運を盛り返したり、一つの仕事を徹底して成し遂げたりします。

▼野心家で、外に向かって身構えたところがあります。内心はビクビクしていて、繊細な部分も多々あります。

▼大きく羽目を外すとか、大きく燃えるようなところは決して他人には見せません。物事を着実にこなしていきます。

▼親しくなると何でもしてくれるのですが、いうことをいちいち聞かないと、突然、怒り出します。

▼直感が優れています。大概のウソは見破られてしまうでしょう。

▼五黄土星や六白金星ほどのタイプではありませんが、わりと勝気です。

▼女性は情熱家で家庭的な人が多いでしょう。好き嫌いは激しいのですが、羽目を外したことはしません。

▼今よりもさらに豊かな生活のために、しっかりとした調度品を揃える傾向があります。

▼人生の吉運は晩年運のために、60歳代から70歳代にあたりに現れるでしょう。

八白土星年生まれの仕事運・事業運

八白土星年生まれの方は、大体の人が勤勉な努力家ですので、大きな仕事や急激な決断が必要となる仕事でなければ、大概の仕事は十分にこなすことができます。

ときどき、半分気まぐれで半分凝り性なところが見えるため、気まぐれが左右する仕事ではなくて、粘り強さと負けん気が左右する仕事に向いているといえます。

若い頃は、真面目ですが目立たない存在のために評価はイマイチです。あなたの価値をわかる人にだけわかってもらってください。

幸運になるのは中年以降でしょう。吉運は向こうからやってきます。

じっくりコツコツやるタイプですから、学者や政治家、宗教家、公務員、警察官、不動産業、ホテル経営・不動産賃貸業などに向いています。

八白土星年生まれの金銭運

八白土星年生まれの人は経済観念が非常に発達しています。贅沢は無意味をモットーに動き、それでいて必要とあれば大きな額を使います。お金の使い方をはっきりとわかっている点が、金銭運として非常に優れたところです。さらに事業の後継者運があったり、実際に後を継いだりできますので、お金には不自由しません。

とにかく一生の間、しっかりと稼ぎます。その中でもコツコツ派と一攫千金派に分かれるでしょう。コツコツ派はケチと見られ、一攫千金派は成金と見られることが多いかもしれません。

家を買ったり建て直したりと、自分の子供のためにもきちんと使える、よい運を持っています。

八白土星年生まれの恋愛・結婚運

八白土星年生まれの人の持って生まれた運は山ですから、目に見える動きがありません。つまり恋愛や結婚に関しては、みんなが憧れる恋愛とは縁がないといえるでしょう。というよりも、そういう恋愛は恥ずかしくてできないのです。

ですが、もし恋愛関係になれば、結婚に向かってひたすらに進みます。恋愛から結婚に至るまでは早い方でしょう。また、こういうタイプの人はお見合い結婚にも向いています。

結婚をすると、男性は家庭を大事にして子供にも恵まれます。

女性は一般に良妻賢母だといわれます。ですが、女性には少し後家運があります。仕事もしっかりとできるがゆえに婚期が遅くなるのです。

八白土星年生まれの家庭運

八白土星年生まれの方は、自分が生まれた家を自分自身で助けるとか、家族や身内の面倒をみなければならないといった運命を持っています。つまり、親族との縁がかなり強いのです。

ただし女性の場合は、夫や両親との縁が薄い傾向にあります。

若いうちから一家の大黒柱となって、大勢の親せきから頼りにされます。

中年、晩年になってからは家族に恵まれて、幸せな生活を送ることができるでしょう。

八白土星生まれの健康運

八白土星年生まれの人は、身体が小さいとか、何かハンデが身体にあるようですが、いたって健康です。強いていえば、胃腸が弱い傾向にあります。

若いうちは痩せてはいるのですがスポーツ万能です。新記録を出すなど「これはすごい！」という活躍をするかもしれません。

中年になると成人病には注意してください。肥満やメタボ、あるいは動脈硬化に悩まされるかもしれません。

確実に休養と運動をこなしていくことで、健康運は問題がないはずです。

九紫火星年生まれ

九紫火星《きゅうしかせい》は、易卦の離火《りか》に相当する星になります。一白水星が水の精を持つのに対して、九紫火星はまさに火の精を持っているのだといえます。

この火の精と水の精が、九星術の星の並びの初めと終わりになっていることに、私は驚きと不思議さを感じています。なぜならば、「火（カ）」と「水（ミズ）」を足して読めば「カミ＝神」になるからです。

五行……火
十二支…午
季節……6月（新暦）
時間……11時〜13時
色………赤・火の色
方位……南（午の方位）

九紫火星とはどんな星？

「神」という漢字は「カ・ミ」と読みますが、これは日本神話でいう「イザナギのミコト」と「イザナミのミコト」が一つになって日本列島やさまざまな神々を生み出したことになぞらえています。「カ」＝「火の精」で「ミ」＝「水の精」ということもでき、火と水とは人が生きていく上で必要なものだといえます。この「火の精」に相当するのが九紫火星です。

自然界では太陽そのものです。太陽があるからこそ太陽の下で人は文明を起こすことができたのです。そしてそれは、知性や知識をも表します。

さらには火の性質そのままに、離合集散とか着く（付く）、離れる、移る、燃えるという意味もあります。

さらに、火は単独では存在できません。木がなければ無理ですので、パートナーを得るという意味も出てきます。

九紫火星年生まれの基本的性格と運勢

▼九紫火星は火の精ですから、ハレとケでいえばハレの意味が強く出ていて、派手好みであるとか、着飾った雰囲気を持っています。

▼気分にムラがあり、怒りっぽい点が特徴的です。短気な上に冷静さを欠いて失敗をしやすいといえます。

▼才能が豊かで知識欲は旺盛です。勉強や研究といったことは九紫火星生まれにはもってこいといえます。基本的に頭がよい人だといわれます（基礎研究とかは一白水星生まれの方が向いています）。

▼表面は明るく、時流に則った物事を着実にできる能力があるでしょう。

▼お金よりも名誉を重んじるタイプです。

▼アイデアマンでタイミングをつかむことが上手いです。自己顕示欲が強い人が多いでしょう。

▼女性は美人が多い点が特徴的です。美人は七赤金星も象意を持っていますが、九紫火星と七赤金星とでは美人の質が違います。七赤金星の美人は「若くてピチピチした美人」ですが、九紫火星の美人は「大人びて妖艶《ようえん》な雰囲気の美人」なのです。

▼人生の幸運期は中年運でしょう。35歳から55歳頃に幸運期がやって来るでしょう。

九紫火星年生まれの仕事運・事業運

九紫火星年生まれの方の仕事運・事業運は、まずは頭脳労働に向いています。学問研究や芸術関連・美術関連には大きな感性と適性を持っているといってよいでしょう。

プライドが高く、自分の才能を超えた高望みをして、自己顕示欲を満たすようなことばかりを続けると、理想と現実との間に大きな溝ができてしまいます。それが原因で転職を続けることもあるかもしれません。これは要注意です。

若いうちは自分の才能がどれに合っているのかがわからずに、あちこちと職を転々しやすいでしょう。目先ばかりを見ないで、自分には何が合っているのかをしっかりと認識していった方が、良い結果を出せます。

中年は活躍の時期です。晩年には若い人達への相談役として頼られる存在として活躍できるでしょう。

九紫火星年生まれの金銭運

九紫火星年生まれの金銭運は、ベリーグッドです。七赤金星がコイン集めを表しているとすれば、九紫火星はお札集めに相当します。ですからお金の匂いがきちんとわかる人なのです。

ただし、七赤金星が「お金を貯める」ことが主な感覚であるのに対して、九紫火星は「稼ぐけれど、その分、使う」点が大きな差となっています。

若いうちはお金に対する感覚は鋭いのですが、使いたい金額と比べて給料などの収入がかなり低く、我慢が必要となります。我慢できずに散財すると、中年からの運を食ってしまいます。

中年からはお金はだいぶ入ってきますが、今度は金銭に対する欲よりも名誉欲が強いため、ガンガン儲けようとはしないでしょう。むしろ、いざという時に売れる不動産とか美術品とかにお金をかけておいた方がよいでしょう。
晩年は悠々自適に暮らせると思います。

九紫火星年生まれの恋愛・結婚運

九紫火星年生まれの恋愛・結婚運ですが、まさに火の精を持っているが如く、燃えるような恋をします。容姿端麗な人が多く、異性の気を引く手段もしっかりと自分の中にもっているので、とにかくモテます。

ですが、熱しやすく冷めやすい側面もあり、遊びの対象にされたり、結婚をしたけれども「理想と全然違った！」という理由ですぐに離婚をしたりしやすいのです。外見だけではなく、相手の本質をしっかりとつかむことが大切です。

結婚を考えた場合、見栄や体裁を重んじるようになるかもしれません。大切なのは本質だということを、しっかりと理解していきましょう。

九紫火星年生まれの家庭運

九紫火星年生まれの家庭運ですが、幼い頃から利発な子供で、両親や祖父母からに援助や支援を一身に受けて育てられるでしょう。

ところが、それが若い頃になると、周囲をバカにして、無駄な言い訳ばかりをして、どうしようもなくなりがちです。反面、外面はよいので、外部の人は気がつかないかもしれません。

すべてに対して威勢よく振る舞うのではなく、自分のことを中心とするのではなく、相手を思いやる心を身につけましょう。それだけ頭がよいのですからできないはずはありません。頑張ってください。

九紫火星生まれの健康運

九紫火星年生まれの方の健康運は、頭脳を使う人ならではのものになりそうです。基本的には体質は丈夫ですが、精神的・神経的に疲労が溜まり、徐々に身体をおかしくしてしまうかもしれません。

心臓病や狭心症、脳血栓、脳梗塞、眼精疲労、消化器疾患、アルコール依存症などには要注意でしょう。

あまり神経質にならずに、適度な運動をしてストレスを発散していけば、このような病にはかかり難くなるでしょう。

4 傾斜法

（1）易のロジック

本書では九星術について解説したものですが、実際に九星を用いるに当たって切っても切れないロジックがあります。それは易占いです。

具体的な九星術の話をする前に、そもそもどうして易を使うのか、八卦と九星との関係について説明したいと思います。

はじめに結論からいいますと、九星術と易（正しくは周易です）とは親密な兄弟の関係にあるからです。さらにいうならば、「すべての中国占術の根本は易にある」といって差し支えないでしょう。

易卦には乾《けん》・兌《だ》・離《り》・震《しん》・巽《そん》・坎《かん》・艮《ごん》・坤《こん》という八つの要素があって、それぞれ九星とは、次のような関係があります。

乾＝六白金星
兌＝七赤金星
離＝九紫火星
震＝三碧木星
巽＝四緑木星
坎＝一白水星
艮＝八白土星
坤＝二黒土星

内容もほぼ一致していますが、九星の五黄土星だけは易卦に相当するものはありません。

これは「先天盤《せんてんばん》」と「後天盤《こうてんばん》」との違いとして説明できます。

先天盤

		南		
	兌	乾	巽	
東	離		坎	西
	震	坤	艮	
		北		

さらに先天盤で易卦を盤で出してみます。そして乾から坤という順番に矢印で追ってみます。

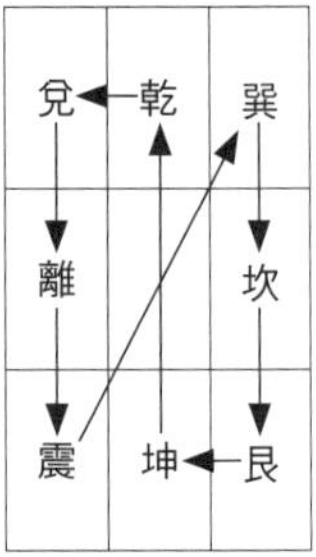

乾（天）から坤（地）に向かって流れができています。

今度は後天定位盤を出してみましょう。一白から九紫の順番通りに矢印を書いてみます。

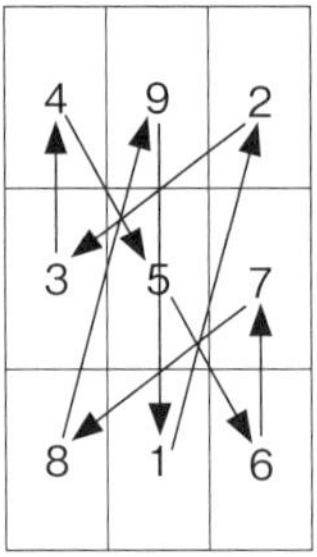

1……一白水星
2……二黒土星
3……三碧木星
4……四緑木星
5……五黄土星
6……六白金星
7……七赤金星
8……八白土星
9……九紫火星

後天盤

	南	
四緑／巽	九紫／離	二黒／坤
三碧／震	五黄	七赤／兌
八白／艮	一白／坎	六白／乾
	北	

（東＝左、西＝右）

乾・兌・離……艮・坤という流れも、一白・二黒・三碧・四緑・六白・七赤・八白・九紫という流れも時間と季節、方位があるのですが、五黄土星だけが方位（場所）だけがあって時間も季節も存在しない特殊な立場であるのです。

五黄土星は中央という位置はあるのですが、時間も季節も五黄土星に合致しているものはないのです。五黄土星だけが易卦と合わないため、苦労して五黄土星をいずれかの易卦と合わせなければならなくなりました。

ここから易と九星術に若干の差が出てきたといえます。それ以外では一致しているのです。

ここで八白土星と二黒土星は鬼門《きもん》、裏鬼門《うらきもん》といいますので、敢《あ》えて位置を入れ替えてみるとこうなります。

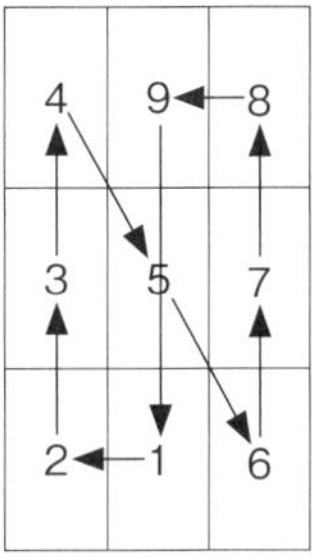

後天定位盤は先天盤と矢印の向きも回り方も正反対になっています。

結果、先天盤と後天盤が陰陽ともなり、すべてのものをきちんと説明できたとしているのではないでしょうか。

それで易と九星とは兄弟のつながりができているのではなかと私は推察しているわけです。

(2) 九星術における傾斜法の要点

暦から自分の生年月日を発見して、生年の九星を見るのに使った盤は後天盤だけです。それを易の八卦に直すと「傾斜法《けいしゃほう》」になります。

傾斜法とは、九星の概念と易卦の概念を同時に使うのです。言いかえれば、九星と八卦のダブル占断となるわけです。

九星と易卦をダブルで使うといっても、それは総合判断することであって、傾斜法は全然難しくありません。使うものは八卦だけです。

では、傾斜法の実例として１９７３年４月10日の男性のケースを紹介したいと思います。万年暦を調べますと、この男性は九紫火星の癸丑年生まれの三碧木星の丙辰月生まれになります。簡単にいいますと、九紫火星年で三碧木星月生まれということです。

この傾斜宮は内面的傾向・思考性を表すとします。そして中宮を除いた八卦で判断することになるのです。

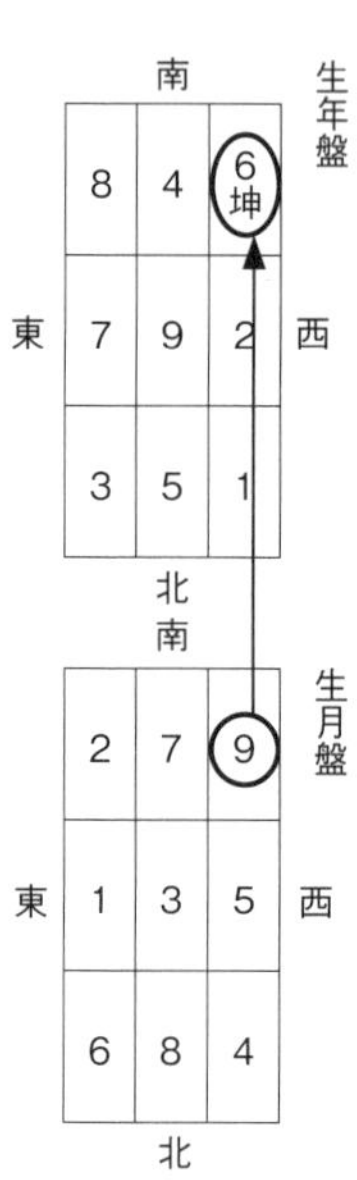

これが１９７３年４月10日生まれの方の年月盤になります。この生月盤で、生年盤でいう九紫火星がどこにあるかを調べればよいのです。

九星火星は生月盤では坤宮に入っているので「坤宮傾斜」ということになります。

南

巽宮傾斜	離宮傾斜	坤宮傾斜
震宮傾斜		兌宮傾斜
艮宮傾斜	坎宮傾斜	乾宮傾斜

東　西

北

これは不変ですから覚えておいてください。

（3）傾斜法と挨星法の違い

傾斜法と似たものに「挨星法《あいせいほう》」という方法が存在します。どちらも、九星術で使う星を八卦（＝傾斜法）や六十四卦（挨星法）に直します。

傾斜法とは、九星術で使う一白水星、二黒土星、三碧木星、四緑木星、五黄土星、六白金星、七赤金星、八白土星、九紫火星という九つの星を、易の八卦（乾・兌・離・震・巽・坎・艮・坤）に直して判断する方法を意味します。この傾斜宮によって、毎年の運勢とか凶運期（五黄煞・暗剣煞）とかを暗示するのです。つまり、命術の分野です。

五黄土星年で一白水星月生まれの人を例に取ります。この時は一白水星の月盤を出して、年盤で示されている五黄土星がどこにあるのかを判断するのです。

一白水星の月盤

		南		
	9	5 離	7	
東	8	1	3	西
	4	6	2	
		北		

この場合、年盤の五黄土星は月盤で南の離宮に入っているので「離宮傾斜」となります。これが傾斜法です。

もう一方の挨星法ですが、いろいろ方法があるみたいですが、簡単に説明します。

九星術の流派では大きく分けて「三元派」と「三合派」という流派が存在します。三合派は盤が一つですが、三元派では盤が天盤、地盤、人盤《じんばん》と三つ出て来ます。（内藤文穏先生の説）望月先生のなさった干支九星術も同じように盤が三つあります。

三合派が一般に使う盤を人盤といいます。いわゆる気学で使う盤です。ですから気学と呼ばれる術は、三合派に属していると考えられています。

その反対に、人盤から地盤を出して二盤で易卦を作り判断するのを挨星法といいます。挨星法で出てきた易卦を「挨星卦（あいせいか、あいせいけ）」といい、これで吉凶を決定します。特に方位鑑定とか、毎年の運勢といったものを判断する時に卜占術として使います。

実例を出してみましょう。これには盤が二つ必要です。上の地盤を九紫火星とし、下の人盤を一白水星としてみましょう。盤は以下のようになります。

地盤・九紫火星

		南		
	8	4	6	
東	7	9	2	西
	3	5	1	
		北		

人盤・一白水星

		南		
	9	5	7	
東	8	1	3	西
	4	6	2	
		北		

そしてできる挨星卦が次のようになります。

	南	
賁	巽	履
東　咸	9	復　西
恒	坎	比
	北	

今は地盤が上卦を表し、人盤が下卦を表すというルールに従います。それでは乾宮から順に見ていきましょう。

乾宮・地盤＝一白水星（坎卦）、人盤＝二黒土星（坤卦）
↓水地比となります。
兌宮・地盤＝二黒土星（坤卦）、人盤＝三碧木星（雷卦）
↓地雷復となります。
坤宮・地盤＝六白金星（乾卦）、人盤＝七赤金星（兌卦）
↓天沢履となります。
離宮・地盤＝四緑木星（巽卦）、人盤＝五黄土星（○卦）
↓（五黄が掛かった場合の易卦は八純卦にしたり、艮卦や坤にしたりといろいろな方法があるのですが、今は八純卦にします）↓巽為風となります。
巽宮・地盤＝八白土星（艮卦）、人盤＝九紫火星（離卦）
↓山火賁となります。
震宮・地盤＝七赤金星（兌卦）、人盤＝八白土星（艮卦）
↓沢山咸となります。
艮宮・地盤＝三碧木星（雷卦）、人盤＝四緑木星（巽卦）
↓雷風恒となります。
坎宮・地盤＝五黄土星（○卦）、人盤＝六白金星（乾卦）
↓（五黄が掛かった場合の易卦は八純卦にしたり、艮卦や坤にしたりといろいろな方法があるのですが、今は八純卦にします）↓乾為天となります。
※六十四卦の一覧表は巻末の２０８ページに掲載しておりますので合わせてご確認ください。

以上がこの盤の挨星卦です。

このように、挨星法とは九星の星を二つ合わせて易卦に直すという技術なのです。

それでは次ページからは傾斜法の説明に戻り、各傾斜法の内容について簡単に説明していきます。

（4）乾宮傾斜

乾宮傾斜《けんきゅうけいしゃ》は、男性はおとなしい人が多いのですが、女性は男勝りの人が多いといえます。

決断力に優れ、何をするにもモタモタしません。さらには自尊心が強く、他人様にはお世辞などはいえない性格でしょう。何でも大きなことをやりたがります。そういう点で、頭領運の持ち主ということができます。言い換えれば政治家とか、大衆的な人が多く、集団的で団体役員などになりやすいタイプなのです。

そうした方面では聡明で、才智があり、物事をマクロ的にとらえることができます。さらに個人重視というより社会性が重視されますが、反面、気分次第でどうにでも変化をする、お天気屋さんになりやすいので、注意が必要だといえます。

弱点というか、注意しておいた方がよい部分は、あなたは自説を押しつけやすく、他人の言動に大変関心がある点と、とにかく偉ぶる点です。乾宮傾斜の方の人生行路には意外と浮き沈みが激しいので、一発勝負に出て再起不能になった場合、冷ややかな笑いを向けられることもあるかもしれません。

しかし、そういったことがあればあるほど、負けん気が強まるでしょう。違った意味で仁義に厚いという点を示せればと思います。

工業方面での成功者が多いのですが、なぜか整理整頓が苦手のようです。時として宗教心が強く、宗教上のリーダーに立つこともあります。

（5）兌宮傾斜

兌宮傾斜《だきゅうけいしゃ》は、まず口が上手いとか弁が立つとか、説得が上手だとかおしゃべりだとか、口に関することが最初に話題に上ります。

次いで、飲食に関係した仕事に就いているとか本人がグルメであるとか、さらには贅沢だとか慎ましい生活とは無縁であるとか、職業は料理人であるとかレストランとか料亭を経営しているとかが暗示されるのです。

女性はオシャレで男性は社交的です。よく動きよく働く人だといえます。金銭欲は強いのですが、蓄財は下手なようです。

このように説明をすると、「リッチだな」とか「ゴージャスだ」とかいわれますが、実生活では苦労したり、あるいは苦労性な人であったりするケースが多いのです。

こういう生活をする人物ですから、学問的なことにはあまり向いていません。さらに色事に染まりやすいのですが、集団主義というより個人的に快楽を求めやすい性格なのだといえます。

（6）離宮傾斜

離宮傾斜《りきゅうけいしゃ》は派手好みといいますが、表面はわりと地味で、真面目な働き者が多いようです。

一般に親との縁が薄く、女性は旦那さんとの縁も薄いといえます。傾斜宮が本当に悪い関係（暗剣殺）にあれば、本当に親との縁がなく、虐待されたり放任されたりしやすいでしょう。

知識だけではなく知恵もあり、先見の明もあります。集団に参加するとか、その長になりたがるでしょう。なりたがるというよりも、そのような立場に追い込まれてしまうというのが正しいかもしれません。ですが、自分ではそれほどその立場や地位には執着を持ちません。

性格は傲慢《ごうまん》なところがあります。瞬間的な集中はできるのですが、粘りに欠けやすいでしょう。そのため職業は作家や画家、あるいは芸能関係などと、自分の力で無の状態から有を生み出す仕事に就きやすいといえます。

あまり派手好みにならないで、移り気なところと飽きやすいところを治していけば、よりよい人生を送ることができるでしょう。

（７）震宮傾斜

震宮傾斜《しんきゅうけいしゃ》の人は、とにかく活動的で積極的です。「家でじっとなんかしておれん！」という方が多いでしょう。じっくりと座って考えるよりも、行動しながら考えるのです。

そういう意味でいえば、頭がよい人が多いのですが、遊び好きだといえるでしょう。

霊的に優れた能力を持っている場合があります。スポーツ選手とか芸能関係での成功者が多いのは、霊感が優れている傾向にあるからだと思います。成功か失敗かと大きく分かれることが多く見られます。

震宮傾斜は、特に吉凶が混ざって出ています。吉方面では、物事をテキパキと片づける傾向があります。情けが細かく、大勢の人を助けます。名誉を重んじるために、結果として金銭は期待したほどは残りません。

凶方面では、物事の遂行に対して焦りが出てしまうところです。詰めが甘く、粗野なところが見られるでしょう。せっかちで短慮なのです。性格は明るいのですが、大風呂敷を広げるクセがあります。口は災いの元だと注意しましょう。

さらには、どのような場所や環境、立場であれ、自分が主で居たいと思いますし、自分から率先してしなくてもよい苦労を味わったりしやすいようです。

（8）巽宮傾斜

巽宮傾斜《そんきゅうけいしゃ》の人は、要領がよくて、温和に思える人が多いです。そのため、他人から好かれることが多いでしょう。力づくでは物事をしようとはしませんし、他人のために働き、活動ができる人です。

融通が利き、柔軟性に富み、物事のまとめ役とか調整役にはもってこいの人です。難しい問題でも根気よくやって、何とかまとめてしまうでしょう。活動的で社交性があることもプラスとなります。

ところが、これに反する面としては、温和＝決断力が少なくてチャンスを逸するともいえます。このような点を「あの人はズボラだ」と非難されてしまうのです。また。人を育てるのは上手いのですが、調子がよく、人を利用したりしやすいと見られたりします。いわゆる八方美人なのです。

動植物が好きな人が多い暗示がありますが、一方、子供との縁が薄いとか、子供で苦労させられる人も多いでしょう。縁が変わりやすいということなのでしょうか。

医療関係や商売で成功する人が多いでしょう。

（9）坎宮傾斜

坎宮傾斜《かんきゅうけいしゃ》の方は、おとなしそうではあるが、芯は非常に強い人が多いのです。芯が強いというよりも強情だといった方がよいかもしれません。自分が「こうだ！」と思ったところは決して譲りません。

仲良くなったら深くつき合います。忍耐強く、悪く出るとしつこいタイプでしょう。

思考性が強くて用心深いです。理屈っぽく、人を恨むと根に持つタイプでしょう。嫉妬心も強いです。

表立つことはあまりよいとはいえません。なぜなら、もともとが派手好きではなく、裏での成功が約束されているからです。人に知られていないところでの収入があるのでしょう。

芸能関連や芸術関連での成功者が多い傾向にあります。一方、対人関係や人間関係において、母親とか妻とかに縁の薄い人が多いとされます。

（10）艮宮傾斜

艮宮傾斜《ごんきゅうけいしゃ》の方は、どっしりしていて石橋を叩いて渡るタイプです。慎重ですから大きな失敗はないでしょう。

生活は非常に質素で、周囲からはケチだと思われることもあるかもしれません。知らないうちに敵を多く作ることもあります。基本的には落ち着いた人だといえます。

普通の行動や動作もゆっくりしていて、臨機応変な対応を取ることは苦手でしょう。よい条件が揃わないと大発展はないでしょう。

たとえ見かけはよくなくても、異性から頼られる存在であり、周囲の人から好感を持たれるタイプです。お金や物も大切にしますから、貯蓄はしっかりできる方です。

性格的にはどちらかといえば淡泊です。家庭的なのですが、親族との関係は良好とはいえないかもしれません。おつき合いにしても、誰とでも仲良くやっていけず、偏りがあります。それだからといううわけではありませんが、人生の浮沈は他の人と比べてある方でしょう。七転び八起きではありませんが、一人で生きていく力は確かに持っています。

場合によっては、宗教的なことに関心を持ち、宗教家として成功する人もいます。また、工業方面での成功者も多いでしょう。

(11) 坤宮傾斜

坤宮傾斜《こんきゅうけいしゃ》の方は、温和で平凡、真面目な人が多いです。臨機応変の才能はあまりなさそうです。地味で派手なことはあまりしません。人を押しのけてまで勝ちを取ろうとはしないでしょう。進取の気性に富んでいるともいえません。

どのような仕事もそつなくこなせる働きもので、他人には好かれるタイプです。財布の紐が締まっている人が多いです。一言でいうと、金持ちではありませんが貧乏でもない人生を歩みます。

トップにはなれないタイプです。なぜなら人を見抜くことはあまり得意ではなく、人をしっかりと使うこともできないからです。こういうタイプの方は補佐役に適しているといえます。親切でこまめに働きますから、己をわきまえていれば、人生は平穏に過ごせるでしょう。

トップが持つような欲は少ないといえます。逆にそのような欲を持つと自滅しやすくなります。

宗教心が篤い人も多いでしょう。弱点は、女性では夫婦縁がよくないことです。迷いが多く、優柔不断になりやすいところがあり、苦労性で金銭的にもやや細いところがあるでしょう。

(12) 実例

それでは、85ページでも取り上げた1973年4月10日生まれの人を判断してみましょう。この人は「九紫火星」生まれの「坤宮傾斜」になりますので、まず表に現れた性格を述べます。それから内面的傾向とか思考性を判断していけばよいのです。

この方は「九紫火星」生まれですので、身だしなみがきちんとした方です。（坤宮傾斜より）派手な雰囲気はさほどありませんが、（九紫火星より）よく見ると「おっ！」と目を見張るものを身に着けていたりします。

（九紫火星より）才能が豊かで知識欲は旺盛です。勉強や研究といった表のことは九紫火星生まれにはもってこいといえます。基本的に頭がよい人だといわれますが、（坤宮傾斜より）大会社の社長ではなく、中小企業の社長タイプでしょう。

（九紫火星より）表面は明るく、時流に則った物事を着実にできる能力がありそうです。アイデアマンでタイミングをつかむことが大変に上手いのです。時として、自己顕示欲が強い場合もあります。お金よりも名誉を重んじるでしょうが、（坤宮傾斜より）単なる名誉ではなくてきちんとした実力を求めます。

（九紫火星より）この人の弱点としては、気分にムラがあり、怒りっぽいところです。短気な上に冷静さを欠いて失敗をしやすいので、部下や目下の人に対しては、自分の下積み時代のことを思い出して、怒ることをなるべく控えてください。

長所というか目立つものとしては、宗教心が篤いとか、もしくは宗教心を覚えさせる場面に遭遇しやすいといえます。「（坤宮傾斜より）平凡は非凡」と心にして生きていくとよいでしょう。


このような判断結果ができればオーケーです。

本命星といっても傾斜宮といっても、単独では十分な判断はできません。複雑な人間を判断するのですから、術を組み合わせて複雑な体系を作る必要があるのです。

(13) 中宮の置き方が秘伝

さて傾斜法は、九星を八卦に置き換えたところにポイントがあります。つまり九星術でいう中宮が、傾斜法で「傾斜宮」を取ることによって、中宮ではなくなっています。

ところが、二黒土星年の生まれで二黒土星月に生まれると、星は中宮→中宮となって、どこにも傾斜しません。これではまずいので、とにかくどこかへ傾斜させる必要に迫られるわけです。この時、どこへ傾斜させればよいのかが、流派によって秘伝になっています。

著名な先生方の考えを見比べてみたいと思います。

中村文聰先生の場合

中村先生の本『気学占い方入門』（東洋書院）は、わりと古い本ですが傾斜宮を次のように判断しています。

本命星	月命星	傾斜宮
一白水星	一白水星	離宮傾斜
二黒土星	二黒土星	乾宮傾斜
三碧木星	三碧木星	巽宮傾斜
四緑木星	四緑木星	震宮傾斜
五黄土星	五黄土星	男　兌宮傾斜 女　乾宮傾斜
六白金星	六白金星	坤宮傾斜
七赤金星	七赤金星	艮宮傾斜
八白土星	八白土星	兌宮傾斜
九紫火星	九紫火星	坎宮傾斜

これらはちょっと見るとかなり難しいように感じますが、九星術と同時に周易をやっていますとこの原理はわりと簡単に理解できます。

一白水星を易卦に直すと、一白水星は中男の卦ですから、本命と月命は一白水星の中男であれば、陰陽を全く反対にして中女の卦に変化させます。中女は離宮になるわけです。今度は八白土星年の八白土星月であれば八白土星は少男ですから、反対の少女である七赤金星にするのです。

問題は五黄土星です。五黄は八卦に適合するものはありません。それで男の場合は少女の卦にして、反対に女の場合には父親を表す乾だと判断するのです。これは東海林秀樹先生も同じ方式を取っています。

井田成明先生の場合

井田先生は『現代九星占い』や『現代易入門』（共に明治書院）など、優れた本を書いておられます。昭和59年に出版された『現代九星占い』では本命星と月命星が同じ場合、次のように判定されています。

本命星	月命星	傾斜宮
一白水星	一白水星	定位盤では北に入っているから坎宮傾斜。
二黒土星	二黒土星	定位盤では南西に入っているから坤宮傾斜。
三碧木星	三碧木星	定位盤では東に入っているから震宮傾斜。
四緑木星	四緑木星	定位盤では東南に入っているから巽宮傾斜。
五黄土星	五黄土星	定位盤では入る宮がないので、男は八白傾斜。女は二黒傾斜とする。
六白金星	六白金星	定位盤では北西に入っているから乾宮傾斜。
七赤金星	七赤金星	定位盤では西に入っているから兌宮傾斜。
八白土星	八白土星	定位盤では東北に入っているから艮宮傾斜。
九紫火星	九紫火星	定位盤では南に入っているから離宮傾斜。

これを見る限り、中村先生と井田先生とでは完全な違いとなっています。

内藤文穏当先生の場合

内藤先生は気学を大体10年程度研究されてから、さらに気学の上が奇門遁甲だと知って、日本では草分け的な奇門遁甲家として有名です。昭和54年11月25日に一般向けの『秘伝元空占術』（潮文社）を上梓しておられます。

ここで述べられていることは簡単です。同書から引用します。

> 諸流派ありますが、ここでは、陰遁の生まれは東南の巽、陽遁生まれは西北の乾と見なします。（同書42ページより）

これをわかりやすく表にしますと、

本命星	月命星	傾斜宮
一白水星	一白水星	陽遁生まれ　巽宮傾斜 陰遁生まれ　乾宮傾斜
二黒土星	二黒土星	
三碧木星	三碧木星	
四緑木星	四緑木星	
五黄土星	五黄土星	
六白金星	六白金星	
七赤金星	七赤金星	
八白土星	八白土星	
九紫火星	九紫火星	

となるわけです。陰遁と陽遁で分けるというのも目新しい考え方です。

鮑黎明先生の場合

鮑黎明先生は、まだ若くしてお亡くなりになったのですが、鮑黎明先生は五黄年の五黄月の生まれの人は、男性であれば坤宮傾斜とし、女性であれば艮宮傾斜としていたと思います（私の勘違いかもしれませんが）。もっとも、鮑先生は「○○傾斜」とはせずに、「○命卦」としていました。

傾斜宮というのは不思議な術です。九星術に後天盤と先天盤がありますが、これを融合すると九星から傾斜宮へと変化をします。後天盤はいわば九星盤のことで、先天盤はいわば八卦の表なのです。

後天定位盤　西

南

四緑木星	九紫火星	二黒土星
三碧木星	五黄土星	七赤金星
八白土星	一白水星	六白金星

東

北

先天盤　西

南

兌	乾	巽
離		坎
震	坤	艮

東

北

これらが融合している以上は、九星と八卦とは切っても切り離せないものになっているのだと、私は思っています。

柴山壽子先生の場合

今度は2011年9月15日に幻冬舎ルネッサンスから『方位学・気学』という本を出された柴山先生の傾斜法です。

本命星	月命星	傾斜宮
一白水星	一白水星	離宮傾斜
二黒土星	二黒土星	乾宮傾斜
三碧木星	三碧木星	巽宮傾斜
四緑木星	四緑木星	震宮傾斜
五黄土星	五黄土星	男 艮宮傾斜 女 乾宮傾斜
六白金星	六白金星	坤宮傾斜
七赤金星	七赤金星	艮宮傾斜
八白土星	八白土星	兌宮傾斜
九紫火星	九紫火星	坎宮傾斜

ほぼ傾斜宮は同じですが、本命五黄土星の月命五黄土星の場合、女性は乾宮ですが、男性は艮宮になっています。中村先生のケースとはここの部分だけ違っているのです。

⒁傾斜宮の考察のまとめ

このように傾斜宮といっても、５人の先輩方の方法を述べました通り、いろいろな考え方や方法が存在するのです。

一白〜四緑、六白〜九紫までを見ますと、一白なら離宮、二黒なら乾宮というように易卦の反対を取るか、五行の定位に取るかで変わってしまいますし、五黄ー五黄で取る一番面倒なものであれば、

⑴男　兌宮傾斜／女　乾宮傾斜
⑵男　艮宮傾斜／女　坤宮傾斜
⑶男女関係なく、陽遁生まれを巽宮傾斜／陰遁生まれを乾宮傾斜
⑷男　坤宮傾斜／女　艮宮傾斜
⑸男　艮宮傾斜／女　乾宮傾斜

と、少なく見ても五つの傾斜宮を決める方法が存在しているのです。この五つは全然一致していません。

これは一体、どういう理由からでしょうか。

一般に、科学ではこういうことは信じられません。解析する手段が違うとか理論が違うとかは、あってはいけないものとされているのです。

ですが、同じ科学でも医療現場ではどうでしょうか。例えば、肺炎の治療はどこの病院でも同じでしょうか。治療法は一つでしょうか。使う薬はただの一種類しかないのでしょうか。違うはずです。それは担当医が受け持った患者さんに最も的確だと思った方法で治療するのですから、変化していくのは当然のことなのです。

五黄ー五黄の傾斜宮の違いも、それと同じ理由だと思います。

また、占いは古代、戦争に使っていたのだといわれます。立てた作戦が誰でも知っているものであれば、反撃の手順も簡単にばれてしまい、戦争に

なりません。そうした意味もあってどんどんと変化をし、複雑化していったといわれます。

さらに、占いと科学とは決定的に違う部分があります。それは人が存在しているのか、していないのかの差です。自然科学は人が存在していません。ですが、占いは人が中心です。そういう点からして、秘伝が多数あることも、傾斜宮の出し方がいろいろあることも是《ぜ》としなければいけないのではないでしょうか。

「では、どれを習得したらいいんだ?」という疑問も出るでしょう。少し考えてみますと、法律で「一つの秘伝しか習得してはならない」と規定されているわけではなく、もっとおおらかに考えてみたらどうでしょう。

どれを自分が取るのかは、術と真摯《しんし》に向き合っていれば自然と決まってくるのだと思います。いろいろと実験して、「これだ!」という術を探せばよいのです。

(15) 九星が中宮にあった場合の筆者の判断

繰り返しとなりますが、九星が中宮にあった場合は、傾斜宮をどう判断すべきかという問題があります。結論としては、これは流派の数だけ存在するといってよいでしょう。

既に本書98ページに5人の先生方の方法を述べてありますので、参考になさってください。

一言述べさせていただきますと、九星が中宮にあった場合どのようにするかについては、私はどの方法をも支持します。それぞれの先生がそれぞれの立場で作り上げた術ですので、その努力についての支持です。

さらに、もし、その術が間違っていたら作り変えるのが普通ですし、一応、自分で確認を取っての出版でしょうから、それにも口を挟む余地は全くありません。読者のみなさまもその点をご理解ください。

5 相性診断

（１）人間関係は相性がすべて

占いはすべて「人間関係を判断するものだ」といえます。人は独力では生きられません。必ず相手がなければいけません。それが「人」という文字の始まりだと小学生の頃に習ったことがあります。

相性を判断するのも九星術では必要なことです。それには傾斜宮を使って相性を見たり、本命星と十二支を使って相性を見たりと、相性の見方はいろいろあります。

相性は本命星と五行とで出す方法とか、本命星だけで判断する方法とか、また傾斜宮で判断する方法とか、これまた本当にいろいろな方法があるのです。

どのような方法でもそれなりも結果が出てきますし、「的中率は？」といえば、常に１００％ではないことも当然であります。人間の世界には完璧はないからです。

ここでは３人の先生の、相性の占い方を紹介したいと思います。

石村素堂先生の相性判断

私は石村先生を直接は存じ上げないのですが、術の方では大変に優れていた方のように思います。

石村先生の相性判断は、九星と十二支を組み合わせて36×36の組み合わせが仕上がっております。

十二支は除外して九星だけの相性判断を取り上げます。

自分＼相手	一白	二黒	三碧	四緑	五黄	六白	七赤	八白	九紫
一白	●	●	●	◎	●	●	◎	●	●
二黒	●	●	●	●	●	◎	◎	●	◎
三碧	●	●	●	●	●	●	●	●	◎
四緑	◎	●	●	●	●	●	●	●	●
五黄	●	●	●	●	●	◎	◎	●	◎
六白	●	◎	●	●	◎	●	●	◎	●
七赤	◎	◎	●	●	◎	●	●	◎	●
八白	●	●	●	●	●	◎	◎	●	◎
九紫	●	◎	◎	●	◎	●	●	◎	●

◎＝大吉・中吉　△＝小吉　●＝凶・大凶

おおまかに見ると、我々が考えているよりも、かなり凶の割合が多いような感じがします。

例えば、一白水星と三碧木星は大凶なのに、一白水星と四緑木星は大吉になっており、普通の五行とは違います。さらに一白水星と六白金星は大凶なのに一白水星と七赤金星は大吉になっていることです。

それほど良い相性というのは存在しないのかもしれません。何といっても、この世は修行の場なのですから。

相性の大吉というものが出にくいからこそ、良い相性であればとことんまでやってみるというのも、一つの手段かもしれません。

柴山壽子先生の相性判断

柴山先生の一般の九星の相性判断を見ていきましょう。気学といっても九星術といってもすべて同じと思うのは間違いであって、それぞれ多様な変化があるということを理解するために、おおもとを再度考えるという手段もありだと私は思っています。

では九星同士の相性判断を述べてみましょう。

自分＼相手	一白	二黒	三碧	四緑	五黄	六白	七赤	八白	九紫
一白		大凶	小吉	小吉	大凶	大吉	大吉	大凶	小凶
二黒	小凶		大凶	大凶	中吉	小吉	小吉	中吉	大吉
三碧	大吉	小凶		中吉	小凶	大凶	大凶	小凶	小吉
四緑	大吉	小凶	中吉		小凶	大凶	大凶	小凶	小吉
五黄	小凶	中吉	大凶	大凶		小吉	小吉	中吉	大吉
六白	小吉	大吉	小凶	小凶	大吉		中吉	大吉	大凶
七赤	小吉	大吉	小凶	小凶	大吉	中吉		大吉	大凶
八白	小凶	中吉	大凶	大凶	中吉	小吉	小吉		大吉
九紫	大凶	小吉	大吉	大吉	小吉	小凶	小凶	小吉	

これは『方位学・気学』からの引用ですが、例えば一白水星と一白水星との相性（同じ九星）は「なし」になっています。

内藤文穏先生の相性判断

今度は内藤先生の傾斜宮での相性判断を見てみましょう。九星での相性判断ができるのであれば、傾斜宮を取っても相性判断はできないことはありません。ですが、それぞれ特色がありますので、ちょっと紹介してみたいと思います。

私は、お客さまのお話から「これは相性判断しておいた方がいいな」と直感が働いた時に行います。お客さまの許可を得て判断すると、そのほとんどは大凶の関係になっているのでした。私はこの術の的中率は90％レベルだと思います。

では、その概要について簡単に表にしてみました。

自分＼相手	乾	兌	離	震	巽	坎	艮	坤
乾	×	●	×	×	×	●	○	△
兌	●	×	●	×	◎	◎	○	△
離	●	●	×	◎	●	×	○	○
震	×	×	◎	×	●	●	△	○
巽	×	◎	●	●	×	◎	△	○
坎	●	◎	×	●	◎	×	○	○
艮	○	○	○	△	○	○	×	×
坤	△	△	○	○	○	○	×	×

◎＝大変によい関係　●＝大凶　○＝普通　△＝半々　×＝よくない

（2）暦における九星術の不思議

私が流派の違いとして「面白いな」と思うものの最後として、本命星の違いがあります。

「え？ 何だよ、それ！」

というみなさんの反応が見えそうですが、実際に暦を見て人を判断する時、男性を見る場合はそのまま使いますが、女性を見る場合は暦通りではなく、下の表のように変化をさせて使う流派もあるのです。

違いを実験した女性は「確かに！」という感想を持っているようで、非常に面白い術だといえると思います。

これは近年では日本で初めて唱えられたもので、その張本人は鮑黎明先生です。きっと源流は中国に遡るのではないでしょうか。

私の知る限り、園田先生（気学の創始者）からこれまでは、日本の気学家ではいなかったように思います。

本命　九星の並び順

男	一白	二黒	三碧	四緑	五黄	六白	七赤	八白	九紫
女	五黄	四緑	三碧	二黒	一白	九紫	八白	七赤	六白

この原理は簡単なもので、三碧だけは同じですが、男が四緑・五黄……と九星が増えるのに対して、女性に場合は二黒・一白・九紫……と減っていき、男が陽（陽とは増えていくこと）、女は陰（陰とは減っていくこと）とちゃんと変化しているのです。

三碧だけが同じというのは、三碧が太陽の昇る方向だから一緒であって、それ以外は陰陽が別に動いていて男女で調和を取っていることになるのです。

男	女	男＋女
一白	五黄	6
二黒	四緑	6
三碧	三碧	6
四緑	二黒	6
五黄	一白	6
六白	九紫	15→6
七赤	八白	15→6
八白	七赤	15→6
九紫	六白	15→6

太陽が昇る三碧を中心として、男と女を足すと6になります。（一白＋五黄＝6。六白＋九紫＝15⇓1＋5＝6。）

こうやって見ると、上手いこと調和していることがわかるはずです。これを使って判断してみると、新しい判断方法が発見できるのかもしれません。

（3）相性判断の考察のまとめ

一般に相性といいますが、実際に判断をする時にはたった一つの要素で「これ！」と決めつけられるものではありません。それほど相性判断は現代社会では難しくなっているのです。

考えてみると、「何でも自由だ！」という風潮が大きく関わってきているのだと私は思います。

昔の中国や日本では、当人同士が結婚を決め難い時代でした。親が勝手に決めた相手と結婚したり、お見合いをしたりという手段がありましたが、最近のような自由恋愛というものはなかったようです。

まして一度結婚したら、昔は簡単には離婚せず、離婚する時は夫の家の都合で、「結婚しても3年の間子供ができなければ離婚をしろ」という言葉もあったと聞きます。こういう時代で、ある程度状況が固定化されていればこそ相性という術がしっかりと生きていたのではないでしょうか。

では現代ではどうでしょうか。結婚率と離婚率、さらに独身率を調べると、次のようなことがわかります。

①30歳が5年後に結婚しているのは3人に1人。
②30歳の約半分が10年後も未婚のまま。
③35歳を過ぎると極端に5年、10年結婚率が下がる。
④40歳を過ぎればその後5年間で結婚できる人は1％。
⑤女性の意識改善により未婚率は下がっている。
⑥50歳の10人に1人は未婚という現実。
⑦生涯未婚率は男性35％、女性27％

つまり現代は、自分の思ったように動いてくれる親のような相手でなければ、結婚の対象にはならないのでしょう。とはいえ、江戸時代のような制度もないので、現代の方がかえって結婚に対する意識がしっかりしているのかもしれません。

とにかく相性判断は、「二人の結合力」と「それぞれの人間が相手に与える影響力」という条件を足して一つにしている判断法です。

九星術では相性判断をこのように説明できるでしょう。

①本命星だけでの判断
②本命星と五行を使った判断
③傾斜宮を使った判断
④持って生まれた星によっての判断
⑤流年や大運を総合しての判断

（4）渡辺徹さんと榊原郁恵さんご夫婦の場合

姓名	生年月日	年月日の九星	傾斜	日盤
渡辺　徹	1961年5月12日	辛三碧木星・二黒土星・九紫火星	乾	艮
榊原郁恵	1959年5月8日	己五黄土星・八白土星・三碧木星	坤	兌
		己一白水星		

石村素堂先生式で判断しますと、大凶・中凶でよくありません。

柴山壽子先生式で判断しますと、やはり大凶か小凶です。

内藤文穏先生式で判断しますと、これは良い暗示が出ています。

脳梗塞で身体の対応がおかしくなった徹さんを強引に病院に連れていって、大事なく経過させたのは、榊原郁恵さんだからこそでしょう。このお二人の相性が悪いハズはないと思います。

特に内藤先生の判断法は、年月から出した傾斜宮と年日の盤から出した傾斜宮の両方が良い結果になっています。

結果的に「内藤先生の方法がすごい！」ということになっていますが、内藤先生はその著書（『秘伝元完占術』）の中で次のように説明しています。

> 「後述するように、命宮（これが年月の傾斜宮です）、身宮（これが年日の傾斜宮です）の他にも判断の材料がありますので、それらを総合して各人の性質を見るのですから、命宮（傾斜宮）が一番強いとはいえ多少のずれはあります。」（同書44ページ）

> 「同じ生年月日時でも、父と母と生地との三元のいずれかが異なっていれば、その命運は違います。」（同書60ページ）

相性判断でも同じで、「他にも判断の材料がありますので」、決して一つの判断法だけで術の高低云々をしてはいけないのです。

どれほど当たる術でも、人間の心が変化すれば運勢も変化するでしょうし、当然、占いも外れることはあります。

（5）東出昌大さんと杏さんご夫婦の場合

姓名	生年月日	年月日の九星	傾斜	日盤
東出昌大	1988年2月1日	丁四緑木星・六白金星・五黄土星	震	巽
杏	1986年4月14日	丙五黄土星・九紫火星・四緑木星	坎	乾
		己一白水星		

石村素堂先生式で判断しますと、大凶・中凶でよくありません。

柴山壽子先生式で判断しますと、やはり大凶か小凶です。

内藤文穏先生式で判断しますと、震と坎で暗剣殺の大凶の関係です。杏さんの方が被害が大きいとされます。

このお二人は結婚して間がないのですが、今後どうなることでしょうか。

私は思うのですが、相性はかなり信頼できるのですが、絶対ではありません。それに人間には自分自身で行う意識が存在します。この意識こそが、人間を幸福にも不幸にもしてくれる大きな存在なのではないでしょうか。

最後、全然当たらなかったお二人の相性を見てみましょう。

(6) 中村昌也さんと矢口真里さんの場合

姓名	生年月日	年月日の九星	傾斜	日盤
中村昌也	1986年4月30日	丙五黄土星・九紫火星・二黒土星	坎	艮
矢口真里	1983年1月20日	壬九紫火星・三碧木星・九紫火星	坤	巽

石村素堂先生式で判断しますと、五黄と九星ですから、大吉か中吉だと判断できます。中国式で矢口さんの本命星を六白にしても、結果はよいです。

柴山壽子先生式で判断しますと、本命星同士が五黄と九紫ですと、やはり大吉になります。五黄と六白とでも小吉ですので、悪い暗示は出ていません。

内藤文穏先生式で判断しますと、坎宮と坤宮とでは吉になっています。

このような判断ができたのですが、このお二人の場合は、矢口さんの不倫であっけなく離婚してしまいました。占いの結果からすると大外れです。「どうして相性が吉なのに矢口さんは不倫なんかしたのか?」という疑問が残ります。

ですが「同じ生年月日時でも、父と母と生地との三元のいずれかが異なっていれば、その命運は違います。」と内藤文穏先生が説明していた通り、完璧に同じ運命の人はいません。その多くが、個人個人の考え方の差から運命の変化が出てくるのだと思います。

まして「どんなに不倫をしても、僕は相手を信じます」という人は現代ではまずいないでしょう。不倫は絶対にダメなのです。

「不倫」とは「人倫(人間として行うべき道=人道)にあらざる行為」ですから、自分の考えがこういう行いを肯定しておきながら、占いが当たる外れるもないでしょう。

反対に「幸せな人生を自分の行為からダメにしてしまった人」だと、占いの世界からは判断できます。おそらくこの二人は、大運からして暗剣殺とか五黄殺と呼ばれる大凶運であったのかもしれません。

今度は大きな運を暗示している大運を見ていきます。

6 本命星・傾斜宮を使った大運判断

気学あるいは九星術の多くの著書を見ますと、命占の上の「流年＝一年毎に毎年巡ってくる運勢」の判断法については、大多数の先生は載せていますが、「大運＝5〜10年をひとくくりとする運勢」の判断方法となると、ほんの数冊しか紹介されていません。このことについて、私はあまり感心しておりません。大多数の先生方は、知っていても、大運の判断法があるということを著書に書いていないのです。

多くの命占、例えば四柱推命術を始めとして、紫微斗数推命や西洋占星術では大運の判断ができるのに、「開運のための気学」とか「必ず運を開く」とかいっている割には気学、または九星術では、書籍を読んだだけでは大運の判断ができなくなっているのです。これは完全に間違っています。

ですから、「開運！　開運！」といっても「本当に開運したのか？　開運したように見えるだけで、もともとそうなる運命だったのではないか？」がはっきりとわからないのです。

「方位取りで運命が変わった！」とか「開運した！」と本気でいうのなら、「もし方位取りをしなかったら、別のこういう運命を歩んでいた」ときちんと説明すべきです。それができなければ、気学が自慢の開運法や方位取りは全く効果がなかったと私ならば断言します。

気学や九星術をされている方には、「本来の運」と「開いた運」、あるいは「本来の運」と「改めた運」との違いを是非はっきりさせていただきたいと思います。

そうした点を踏まえて、この大運判断を説明していきたいと思います。

（1）井田成明先生の大運法

井田先生は易も相当に深く、『現代　易入門』（明治書院）という本も出しておられます。本の内容は「入門」とありますが、その実、中級レベルから上級レベルまで1冊の本に書こうという努力が感じられます。

井田先生の方法は生年盤を使います。陽干と陰干の区別もつけずに、単純なかたちで運勢を示しております。

実例を一つ出してみましょう。

名前は田中裕也さん（仮名）、生年月日は昭和43年（1968年）3月14日生まれとします。

現在は平成戊申年です／年月日は五黄土星・一白水星・八白土星生まれです。日盤は流派の違いによって変化しますので、ここでは問題にしません。そして生年盤をもとに大運の始まりを決めます。図にしてみましょう。

井田先生の方法では、生年盤から流年も大運も運命を出します。

南

東＼西			
東	四緑木星 28〜36歳	九紫火星 78〜81歳	二黒土星 10〜18歳
東	三碧木星 19〜27歳	五黄土星 37〜45歳	七赤金星 55〜63歳
東	八白土星 64〜72歳	一白水星 01〜09歳	六白金星 46〜54歳★

北

平成27年で数え48歳。

これは、必ず「坎宮」を始めとして、一白→二黒→三碧→四緑→五黄→六白→七赤→八白→九紫と、「飛泊の順番で9年毎の大運を決める」方法です。坎宮に入った九星を9年間はいわば護り本尊とします。

田中裕也さんは現在（平成27年）数え年齢で48歳になります。46～54歳までは六白金星を持つ人になるのです。これですべてについて判断を下すことになります。

もう一つ実例を出したいと思います。お名前は、山本憲三さん（仮名）、昭和57年7月30日の誕生日で、数え34歳です（平成27年現在）。生年月日を九星に直すと九紫火星・九紫火星・四緑木星であって、この盤を書きますとこのようになります。

南

東	八白土星 28～36歳★	四緑木星 78～81歳	六白金星 10～18歳
	七赤金星 19～27歳	九紫火星 37～45歳	二黒土星 55～63歳
	三碧木星 64～72歳	五黄土星 01～09歳	一白水星 46～54歳

西

北

平成27年で数え34歳。

34歳は巽宮の八白土星が司ることになるのです。

生年盤では、入っている星から次のように考えます。

入っている星が一白水星の場合	計画・孤独・創始の時期。
入っている星が二黒土星の場合	地道な仕事や勉学に励む。働く・実行・準備。
入っている星が三碧木星の場合	発展・進出。
入っている星が四緑木星の場合	完成・信用・交際が広がる。
入っている星が五黄土星の場合	中心的存在。
入っている星が六白金星の場合	施し・活動。
入っている星が七赤金星の場合	趣味・飲食の喜び。
入っている星が八白土星の場合	変化のある年代・蓄積・整理。
入っている星が九紫火星の場合	勉学・理想を追う・名誉・離別。

注意すべき点は、自分の十二支の入っている宮は吉で、その対宮の年代では変動があり、思い通りにはいかない傾向にあるとみなすことです。

また別に、後天定位盤（五黄土星が中宮の時）と比べてみて、相生であれば吉であり、相克であれば凶とする方法もあります。さらに大歳と年徳が当たっていれば吉で、反対に歳破が入っていれば争いや浮沈があると見ます。

ここで再度山本憲三さんの年盤を使ってみると

01～09歳	五黄土星の象意を当てる。	中心的存在。かわいがられて育てられた、といえます。
10～18歳	六白金星	施し。子供ですから施しを受けたような感覚だと考えます。
19～27歳	七赤金星	趣味、飲食の喜び。
28～36歳	八白土星	変化のある年代・蓄積。
37～45歳	九紫火星	勉学・理想を追う。新しい分野へ進出すると考えられます。
46～54歳	一白水星	計画・孤独。
55～63歳	二黒土星	地道な仕事や勉学に励む。
64～72歳	三碧木星	発展・進出。60代にさしかかってからもできる。
73～81歳	四緑木星	信用。交際が広がる。

となります。

これは、あまりにも簡単なので、井田先生も「ただこの占法は人生を九つに分けるのであるから、概略を示すにとどまることはやむをえない。」と説明をしています。

(2) 内藤文穏先生の大運法

内藤先生は「元空占術」と称して「奇門遁甲○式」といわれる術者です。奇門遁甲といいながら、九星を用い、挨星法を用いている点が特徴です。

一般に知られる奇門遁甲は、例えばテレビでも有名な高根黒門先生がなさっている「活盤式奇門遁甲」であり、さらに日本でかなり広まっているのは「透派奇門遁甲」といわれるものです。

ですが内藤先生は、高根先生や透派の先生方と違って、主に九星を使っております。わかりやすく表にまとめます。

干が陽の男性	甲・丙・戊・庚・壬		干が陰の男性	乙・丁・己・辛・癸	
干が陰の女性	乙・丁・己・辛・癸		干が陽の女性	甲・丙・戊・庚・壬	
月命一白 6年運 数字が一白から減る	月命九紫 7年運 数字が九紫から減る	八白月命 10年運 数字が八白から減る	一白月命 6年運 数字が一白から増える	九紫月命 7年運 数字が七赤から増える	八白月命 10年運 数字が八白から増える
七赤 9年運 数字が七赤から減る	六白 9年運 数字が六白から減る	五黄 10年運 数字が五黄から減る	七赤 9年運 数字が七赤から増える	六白 9年運 数字が六白から増える	五黄 10年運 数字が五黄から増える
四緑 8年運 数字が四緑から減る	三碧 8年運 数字が三碧から減る	二黒 10年運 数字が二黒から減る	四緑 8年運 数字が四緑から増える	三碧 8年運 数字が三碧から増える	二黒 10年運 数字が二黒から減る

一つ実例を挙げてみます。昭和43年11月15日生まれの女性とします。この生年月日は、五黄土星（戊申年）二黒土星（癸亥月）八白土星（己丑）になります。

陽干生まれの女性ですから、数字が増えるパターンに入ります。二黒土星月生まれですから、大運は月盤を使用して、二黒から10年運で始まります。

これを実際にやってみると次のようになります。

01〜10歳	二黒土星を中宮にする　暗剣煞
11〜20歳	一白水星
21〜30歳	九紫火星
31〜40歳	八白土星　五黄煞
41〜50歳	七赤金星
51〜60歳	六白金星
61〜70歳	五黄土星
71〜80歳	四緑木星
81〜90歳	三碧木星

この時に傾斜宮が暗剣煞と五黄煞になる時期を大凶として判断します。重要な事件や重大な事件が起こった時には、大概が、五黄煞が暗剣煞であることが多いのです。これはかなり当たります。

（3）望月治先生の大運法

望月治先生は名前だけを存じ上げておりますが、望月先生の術に対する真摯な接し方は流派が違っても勉強になります。占いは「当たらなければ意味がない」という考え方をつらぬく方のようで、実践がすべてという先生だったようです。

望月先生の九星術は「干支九星術」といいまして、普通の九星術とは違いますし、気学とも全く違ったものです。望月先生は大運法ではなく「流年法」といっておられたようです。

これを月恩会蔵版の『干支九星鑑定術』の１０６ページを参考にして、実例を挙げたいと思います。生年月日は、昭和34年（１９５９年）12月21日生まれで、己亥年・丙子月・丁丑日になります。

まず、年盤を使用します。年盤の十二支一つを5年として、時計回りに年盤を一周すると60年を見ることができます。年の太歳の場所から数え始めるのです。

すると亥宮の部分の乾宮は01～05歳となり、次いで坎宮は子宮に当たるので06～10歳とします。その次の艮宮は丑・寅宮で11～20歳に当たります。

順にこのようにやっていくと、この人の命盤は次のようになります。

本命星五黄土星の方の大運盤

南

東				西
	辰・巳 26〜35歳 四緑木星 巽	午 36〜40歳 九紫火星 離	申・未 41〜50歳 二黒土星 坤	
東	卯 21〜25歳 三碧木星 震	五黄土星	酉 51〜55歳 七赤金星 兌	西
	寅・丑 11〜20歳 八白土星 艮	子 06〜10歳 一白水星 坎	亥 01〜05歳 ／ 戌 56〜60歳 六白金星 乾	

北

これで60年間の大運は当てはめることができました。

干支九星術ではさらに流月をも求めるのですが、本書では割愛することにします。

一口に「九星術」といいましても種類は多くあり、判断法もさまざまに存在しているのです。

みなさんはご自分に合った術を身につけていった方がよいと思います。

第2章

九星卜占術

1 時間（暦）を使った卜占術

（1）九星卜占術とは

本章では、九星術を使った卜占術について話をしていきます。

そもそも占い（占術）といわれるものが発達していく時に、今でいうところの命占術から発展したのか、それとも卜占術からか、あるいは方位占術から発達したのか、もしくは相占術から発達したのか。どれが答えなのでしょうか？　それは「事件を専門に占断をする卜占術」から発展したのではないか、と私は考えています。

これは史書を読めばはっきりとわかります。歴史をしっかりと記録する習慣があった中国では「易占術が最初に発達した」と記録されています。

時代が先に進むにつれて、人相術や手相術と進み、方位術が完成し、最後に命占術が完成したと考えられます。

卜占術についていえば、今の時代に一番古い易として現存しているものは「周易《しゅうえき》」といわれるものです。その前には「連山《れんざん》」「帰蔵《きぞう》」という2種類の易があったと、多くの易書や史書には書かれていますが、それは一体どういうものであったのか、今では知る人はいません。

現在残っている易は、大きく分けて①周易、②五行易《ごぎょうえき》（「断易《だんえき》」とも「鬼谷子易《きこくしえき》」ともいわれます）、③梅花心易《ばいかしんえき》（「梅花易数《ばいかえきすう》」ともいわれます）の3種類になります。

そしてこの③梅花心易だけが、特殊な易であるとされますが、①周易や②五行易は、筮竹《ぜいちく》やサイコロといったものを使って、偶然に出た筮竹やサイコロの結果から易の卦《け》を出して判断して正解を求めていきます。つまり、易は基本的に「偶然に出た結果を使った占術」であるといえます。これを便宜的に「偶然的占術」と呼びます。

偶然的占術の特徴は、易卦を出す時に使った偶然を生み出すもの（筮竹やサイコロなど）は、実際に判断した事象（占断結果）とは全く関係のない事柄を示しているものであるという、当たり前のことです。

それは当然でしょう。例えば、明日の天気を占って、易の卦である「火天大有《かてんだいゆう》」が出て晴れだと判断した場合、「なぜ、占断の通りに天気が晴れたのか？」ということは、言い換えれば「なぜ、サイコロを転がして天気が晴れだとわかるのだ？」ということになります。これは科学的にいって全くのナンセンスです。科学的には全然説明がつきません。それも日本全土ではなく、自分が関わる場所だけが的中するのです。

東京にいるAという占い師と大阪にいるBという占い師の二人に同時に「明日の天気はどうでしょうか？」と尋ね、Aは「絶対に晴れだ！」といい、Bは「残念だけど、一日雨だね」と占断し、共に当たったということも実際には存在するのです。不思議なことですが、ここらへんが今の科学ではどうにも説明をつけられないことなのです。

いずれにせよ、卜占術とは「人間が関わる事象で、物事の推移や吉凶の結果を表すものだ」といえるのです。

（2）時間を使った占術

卜占術の世界にはもう一つの占術が存在します。それは「暦（暦法）」ができてからの大きな変化です。「暦」ができた頃には、天文を判断しつつ「次に起こることをズバリと当てた」人物がいたことがちゃんと書物に書かれています。

例えば、『三国志演義』をもとにした横山光輝のマンガ『三国志』などでも、有名な赤壁の戦いの場面で大軍師として描かれている諸葛孔明は、このような台詞をいっています。

> 劉備：のう、話を聞いているうちにやはり関羽は行かせぬほうがよいような気がしてきた。
> 関羽という人間は情に厚く、義を重んずること人一倍な性格。ああ言って差し向けたものの、その後に及んで曹操を討てぬかもしれぬ。
> 孔明：討てないでしょう。
> 劉備：えっ！
> 孔明：私が天文を見、人相を見るに、曹操の隆運は衰えるものの、命数はまだ続きます。ならば、関羽がまだ受けた恩に報じたい気持ちが残っているならば、ここでその人情を尽くさせてやるほうが、関羽も吹っ切れ、関羽のためにもよいかもしれませぬ。
> 劉備：軍師、あなたはそこまで考えて…。
> （潮漫画文庫『三国志　13　赤壁の戦い』２１２〜２１３ページより）

もちろん、横山光輝の『三国志』は史実と一緒ではありません。ですがこの実例は、こういった三国時代をはじめとして、中国の歴史というものは（人類の歴史といってもよいのかもしれません）、常に「戦争でどちらが勝つのか」ということを事前に占い、そして「それが見事に当たった！」という文言が数多く並んでいるのです。

占いのはじめは、「今年は米がちゃんと実るのか？」とか「戦争はどちらが勝つのか？」、「どの将軍が今度に作戦に適任か？」といった、社会的に大きな事柄を卜占術を用いて占っていたことになりますし、支配階級としてはそれが当たり前のことだったようです。

これをもってしても、占いは卜占術が始まりであることが理解できるはずです。

時代が下ってからは、卜占術では個人のことを占うようになり、さらには暦を使った術として生年月日時を使う命占術というものができました。日本で知られている名称として中国占術では、四柱推命術と紫微斗数推命術が人の一生を占う術として双璧をなします。それ以外には河洛理数推命術や七星四余推命術、さらには鉄版神数、易を使った河洛理数などが発展しているのです。これらも人の一生を判断する術です。

同時に人が関わる事件を占う卜占術の分野でも、四柱推命術と同じ干支を使って占う干支術が発明されましたし、紫微斗数推命術と同じ盤を使って紫微斗数卜占術というものも発展しました。さらに卜占術の分野でいえば、六壬神課卜占術とか奇門遁甲卜占術とかが発展しました。

日本で生まれたとされる九星卜占術も発展してきているのです。その上、占おうと思った年月日時をもとに易を立てる梅花心易先天法もできてきました。ですから、梅花心易も時間占術である部分も持っているのです。

話を戻しますと、当然のことながら周易は、日本においては絶対的優位をもっています。一方で、中国や台湾では多くの人が五行易を知っているようですが、周易はめったに使わないそうです。

さて、これらには術によって頼るべき暦があり、術によって頼るべき暦が違います。

四柱推命術は干支暦を使います。紫微斗数推命術は旧暦（太陰太陽暦）を使いますし、九星術では九星暦を使うことになっています。六壬神課も奇門遁甲も地理風水も、確実に暦を使います。このように暦をもとに時間（時刻といった方が正確でしょうか）を使って占う術を、ここでは「時間的占術」と呼びたいと思います。

（3）九星術が頼る暦について

九星術は九星暦をもとに占うのですが、暦自体は「実際の状況」と「理論」との間には若干のズレがあることは既にお話しした通りです。円の1周は理論上360度であるのに、実際の地球の自転は23時間56分4・0989036 91秒であり、さらに公転周期は、365・2422日になっていて（360：365・2422＝1：1・0156166666）、わずかにズレが生じているのです。このズレを補足しようと、暦法もいろいろ変化をしてきました。

太陽暦は1年を365日として、4年に1回の閏日をもうけるのがユリウス暦で、400年間に97回の閏年を入れるのがグレゴリオ暦です。

また太陰太陽暦は、日本でいう旧暦であって、7年に2回、閏月を入れる方法で上手いこと調整を図っています。太陰暦は、イスラム世界の暦とかネパール国の暦であるとされます。

九星暦は、日盤の九星に限って陰遁期間と陽遁期間といって星の並び方が反対になりますが、この陽遁の始まる日と陰遁の始まる日が流派によって違うことがあるのです。つまり、術によって暦の種類も違うし、暦そのものも違ってくるのです。

このような発言をすると、「命占術ならともかく、最も細かく判断すべき卜占術で、暦が1%もズレていては、当たるものも当たらなくなるよ」と不安に思うかもしれません。しかし、私はそうは思いません。

術は学ではなく、かなりファジーな部分があります。それを理解しないことには、占術はいつまで経ってもご自身のものにならないと思います。最近は医学でもコンピューター工学でも「なぜだかわからないが、こうすれば上手くいく」というものが多くなってきているのです。「科学は万能で、1+1=2だ!」と考える方は、まだまだ30年前の頭なのかもしれません。

繰り返しますが、暦はどの流派でも、年盤と月盤と時盤は同じです。違うのは日盤だけなのです。

実際に占うと、表面は吉と出ていても現実には凶だったり、反対に表現は凶と出ていても実際は吉であったりと、反対に読んで正解であったことがわりとあるのです。周囲の方々が「当たっている!」と恐怖すら感じた占断が、盤がまるで違っていたということも実際にはあります。ですが、これは科学では絶対にあってはならないことでしょう。

例えば、周易の世界では、このようなことを「同卦異占《どうけいいせん》」または「異卦同占《いけどうせん》」として説明しています。

同卦異占

これは「同じ問題を二人の人が占って同じ卦が出た場合」をいいます。ところが、二人のうち一人の易者はこれを「凶である」と判断をしましたが、もう一人の易者はこれを「吉である」と判断をしたというケースを意味しています。当然、深い読みをする易者の方が「当たる」ことになります。

異卦同占

この場合は、易は384爻のあるのですから、大概は同じ卦、同じ爻変にならないのが普通です。同じ卦で同じ爻が出てくる確率は、0・000006781168ですから、はるかに少ない確率であり、大多数は違った易卦（異卦）になるのは当然なのです。しかし、できる易者二人以上が占えば、異卦であっても、しっかりと同じ答えが出て来るということを意味しています。

（4）解決法は数多く存在する

数学で「1＋1＝2だから答えは絶対に一つだ」と短絡的に思うのは、その学問のことを全く理解していないといえます。実際には、解答方法はいくつもあるのです。例えば、「三平方の定理」においてその証明方法は十数種類あると聞きます。またある問題においては、ベクトル量とスカラー量を使えば方式でも解答内容は変わりますが、正解は同じになります。数学でそうなのですから、人生においてはいくらでも解決方法があるのです。四柱推命では四柱推命の解決方法が示されますし、紫微斗数推命術では紫微斗数なりの方法があり、九星術には九星術なりの解決方法があるのです。

「（その問いに対して）解決策はいくらでもありますよ」というのが占いの世界なのだと、私は思っています。

（5）九星術を使う際に求められること

九星術で物事を占う上で、占者に求められることとは、①無心で素直なこと、②自由自在であることと、③自分の直感を信じて考えすぎないことの三つだと思います。これは占術の基本ではないでしょうか。

この三つをもう少し考えてみましょう。

①無心で素直なこと

占いを始めた頃には、占いはまず「よく当たる」ものだと大勢の占い師はいいます。それは素直な心で、無心であるからです。ところが、ある程度レベルが上がると、今度は全く当たらなくなってしまうのです。これはどうしてでしょうか？

先人達や大勢の占い師に聞きますと「我欲が入ったから」とか「自分を出しすぎたから」とか「考えすぎたから」などという答えを出してくれます。

少なくとも卜占術は、いわば「目に見えない、耳に聞こえない神の意思を問うもの」なのです。だからこそ、人間を少しでも入れない方が確実に当たることになります。

②自由自在であること

卜占術として九星術を使う時には、「自由自在であること」が何より必要になってきます。もっとも、「無心で素直な心」であればこそ、「自由自在である」ことができます。

例えば、Aをいう答えが理論上出たとしても、素直な心で判断した時にはBという理論とは違う答えが出るかもしれないのです。その理論とは違う答えが、あなたが一番欲しかった正解なのです。

③自分の直感を信じて考えすぎないこと

誤占《ごせん》の一番の原因は、思い込みです。考えすぎといってもよいでしょう。直感は誤占の原因と同じでしょうが、反対に的中に導く最大の力ともいえます。

考えすぎた後の直感は誤占の元ですが、無念無想から出る直感は的中の源《みなもと》です。

このことを肝に銘じて、四段掛けの方法を学んでいきましょう。

２ 九星術四段掛け

四段掛《よんだんが》けの術は卜占術に属しており、人間界に関わるすべての物事を占おうとする試みです。しかも周易や五行易、または梅花心易と比べて大きな特徴を持っています。

①占う人（占ってもらう人）は一白水星から九紫火星までの９種類の人間がいるのですが、同一の盤でこの９種類の方を占うことができます。周易や梅花心易、五行易は一つの占断に一つの卦しか出ませんが、九星術では「同一時刻に九つのパターンの人間を占うことができる」という特徴があるのです。

②占う対象は人間だけで、周易や五行易のように人間以外を占うことは基本的にしにくい、といえます。

③同一の盤になった場合は、年月日時の四つの盤がすべて同じになりますが、そうした場合は特殊な技法＝秘伝を使うとか、中免法《ちゅうめんほう》（日時盤掛け）・奥免法《おうめんほう》（日盤鑑定法）で、事実確認のために占うとしている流派もあります。

また、特に易にですが、再占《さいせん》を許さずということがあります。

これは「出た答えが気に入らないから、再度占ってくれ」という場合は、「あくまでも出した易卦で判断をする」という意味です。これは九星術でも同じで「同じ占断内容で、依頼者が同じである場合は、再度盤を立てて占わない」ことが原則です。

術を遂行する上で必ず守らなければならない注意事項を述べて、実際に鑑定に移りましょう。

(1) 鑑定の仕方

占機を取る

占いをする時には、①自分で「よし、占ってみよう」と思うか、あるいは②鑑定を依頼されて占うかの二通りしかありません。このどちらでもよいですから、占う目的をピタリと決めてさらに占う時間(チャンス)を決めて占断をしなければなりません。これを「占機《せんき》」といいます。それには占おうとする年月日時を九星盤で表せばよいのです。

占う人の本命星を把握する

次に占いたいと相談を持って来た方の、あるいは自分が占うのであれば自分の本命星を、しっかりと把握しなければなりません。この星を使って判断していきます。ですから、非常に個人的な占いの仕方だといえます。

易の場合には、個人個人別々に卦を立てますが、九星盤を年月日時の四つ出す場合、最低2時間は同じ盤が出てしまいます。ですが、占う人の本命星が9種類に分かれるので、それほど面倒なことにはならないのです。これはやっていってみればおいおい理解できるはずです。

本命星を判断するには、立春から翌年の節分までが一年です。時には立春生まれという方がいますが、そういう時には万年暦で節入りの時刻を調べるか、節分までと立春後の両方の盤で命占をして、どちらが当たっているかを調べる方が、一番正確になります。

占術は理論よりも実践が大きくものをいいます。実践を最大限、重んじてください。

ただし、本命星は日本の流儀では男女共に同じです。中国の流儀のように男女が別ということではありません。日本は日本流儀で、中国は中国流儀でやるしかありません。

日盤のみを陰遁と陽遁に分けて掛けを四つ作る

占いを求める方の本命星がどこにあって、どの星に掛かるのかを四つ作っていきます。その時に日盤だけが陰遁か陽遁かに分かれます。

陽遁：九星が一白・二黒・三碧・四緑・五黄……と数字が増えていく時期です。
陰遁：九星が九紫・八白・七赤・六白・五黄……と数字が減っていく時期です。

ところが陰遁と陽遁の変わる日にちが冬至と夏至の日に一番近い甲子の日だ、と中国の原書に書かれているだけなので、次のように考えられます。

①冬至の前、夏至の前で、甲子の日に一番近い日。
②冬至の後、夏至の後で、甲子の日に一番近い日
③冬至、夏至の前でも後でもよいから、一番近い甲子の日
④冬至の日から陽遁が、夏至から陰遁が始まる。

の四通りの方法です。

これは暦を作る術者の考えで変化することが多く、夏至、冬至の前後20日あたりが一致しなくなるのです。ちょっと実例を出します。

占う時間は平成27年4月11日午前9時25分にします。ある暦（『高島神宮暦』）を見ると、

年月日時	九星	干支
平成27年	三碧年	乙未
4月	三碧月	庚辰
11日	六白日	丁巳
午前9時25分・巳の刻	三碧時	癸巳

ですから一つの盤は出ますが、もう一つの暦（『中国標準時万年暦』）を見ますとこうなります。

年月日時	九星	干支
平成27年	三碧年	乙未
4月	三碧月	庚辰
11日	九紫日	丁巳
午前9時25分・巳の刻	三碧時	癸巳

この日の年と月と時の九星盤は同じですが、日盤を見ますと『高島暦』では六白日であるのに、『中国標準万年暦』では九紫日になっているのです。時盤が同じになりますが、このように盤が変化しますと、二番掛けと（現在の状況を主に判断します）、四番掛け（最終判断、つまり結論として判断します）とが変化をしてしまいます。

ですが、それぞれの流派での判断ですので、仕上がった盤を信じてそのまま判断するしか手はありません。

現在では、正しい九星暦が求められているのですが、それは難しいといえます。

占いは占「術」であって、占「学」ではないのです。学は万人に共通ですが、術は一人一流派の世界です。学の例外は作りません。それぞれの言葉の重みを理解してください。

ちなみに、陰遁と陽遁の分け方は基本的に次の通りに行います。

時盤九星表

刻限	子刻	丑刻	寅刻	卯刻	辰刻	巳刻	午刻	未刻	申刻	酉刻	戌刻	亥刻
寅・巳・申・亥の日	3	2	1	9	8	7	6	5	4	3	2	1
丑・辰・未・戌の日	6	5	4	3	2	1	9	8	7	6	5	4
子・卯・午・酉の日	9	8	7	6	5	4	3	2	1	9	8	7
	↑陰遁											陽遁↓
寅・巳・申・亥の日	7	8	9	1	2	3	4	5	6	7	8	9
丑・辰・未・戌の日	4	5	6	7	8	9	1	2	3	4	5	6
子・卯・午・酉の日	1	2	3	4	5	6	7	8	9	1	2	3
時刻	23時～1時	1時～3時	3時～5時	5時～7時	7時～9時	9時～11時	11時～13時	13時～15時	15時～17時	17時～19時	19時～21時	21時～23時

九星の勢いと各宮の勢いを判断の象意に入れる

九宮とは、九星が入る部屋のことを指します。

南

東	巽宮	離宮	坤宮	西
	震宮	中宮	兌宮	
	艮宮	坎宮	乾宮	

北

乾宮《けんきゅう》、兌宮《だきゅう》、坤宮《こんきゅう》、離宮《りきゅう》、巽宮《そんきゅう》、震宮《しんきゅう》、艮宮《ごんきゅう》、中宮《ちゅうぐう》の九つがあります。

一白水星の日盤を立ててみましょう。番号の順に九星が動くと考えてください。

南

	9	5	7	
東	8	1	3	西
	4	6	2	

北

九星と九宮の意味を簡単に説明しましょう。

九星の簡単な意味
一白・水、困難、下に潜るなど
二黒・大地、一般、庶民、日常、穏やかなど
三碧・進む、声はあるが姿は見えない、電気、雷、宣伝など
四緑・通信、紙、信用、誤解、左右する、整うなど
五黄・皇帝、指示をする、腐る、壊れる、破壊するなど
六白・天・盛大、高貴、豊か、立派など
七赤・貴金属、笑う、口、歯、食べる、泣く、論争、刃物など
八白・山、動かない、止まる、進む、変化、無口など
九紫・火、明らか、付く、離れる、華やか、学問など

を意味します。

次に九宮ですが、一白から九紫の九星が真ん中（中宮）から順に巡っていく（「飛泊《ひはく》」するといいます）順番で考えていきましょう。

中宮

中宮は勢いが一番強い状態で、「〇〇の盤」といえばそのすべてを現すといってもよい状態です。例えば「中宮が四緑木星の盤」といえばすぐに「アレだな！」とわかるレベルです。勢いが強いため、他の人がどのような状態であるか、どのような境遇であるかはてんで気にしません。反対に、勢いが一番強いということは、「これから徐々に下がっていく」段階ともいえます。

この位置は五黄土星の定位置ですから、「位置があっても時間がない」という特殊な意味を待ちます。そのために勢いの変化や勢いの混乱が起こりやすくなってきます。状況が大きく変化し始める宮として、対処法を練るべき時です。

乾宮

勢いはさらに落ちます。前の中宮にあった時に冷静に沈着に行動してきた人は、この期間の後半に運勢が持ち直しますが、そうでない人はより混乱や変動が起きる傾向にあります。

兌宮

この宮は「喜悦宮《きえつきゅう》」ともいって、喜びや楽しみが起こりやすい時期で、金銭との縁も深く、食べ物といった口に関する縁も深い時期とされます。

反対に挫折や刃物、誘惑、口論、嘆く、中傷といった口に関する悪い意味も持つ、複雑な宮と解釈すべきだと思います。

簡単にいえば、自分にとって悪い星が入れば凶で、良い星が入れば吉と考えていただければよいでしょう。

艮宮

この宮は「変動宮」とも「鬼門」ともいわれます。

この宮の意味は大きく止まるであり、新しく動くのです。ですから、変動の時期とされ、鬼門と恐れられたのでしょう。

つまりは山の峠に例えられます。峠とは普通、①上がったら降りる山の鞍部《あんぶ》をいうのですが、もう一つの②下るだけ下れば今度は勢いで自然と上に上がる場所という感覚もあるのです。

怖いのは、前の兌宮で失敗、あるいは無理なことをして失敗の種をまいて、この結果が、艮宮で現れる可能性が高いことです。失敗すれば今後６〜７年程度続き（理論上は10年間とされます）、反対に成功すれば同じく６〜７年程度続くとされます。だからこそ重要な宮とされているのです。

離宮

この宮は「和合・離合」といって、自分にとって必要な人と知り合いになれる場合と、自分が是非にと頼っている方と離れなければいけない状況のいずれかが起きやすいとされます。使い方によっては、離れたい相手としっかりと離れることができます。

さらには争いの宮でもあるので、訴訟事や警察関連での訴えにも縁があります。また相場や勝負事に手を出す暗示もあるのです。

もっといえば、表彰されることもありますが、震宮と同じく影の事実が公になる意味もあるので、悪事は露見してマイナスが出るし、反対に徳は表に出たり、善意でやったことが大きく報道されたりするケースもあります。

震宮は表に出る勢いだけが強いのですが、離宮は勢いでは足りない反面、知恵があるといえるのです。

坎宮

この宮は、ありとあらゆるマイナスが出やすい宮と考えられています。

病気や入院、困難、貧困、色情、倒産といった人生上の問題のうち、どれが出やすくてどれが出にくいのかは、わからないという怖さがあるといえます（命で見ればある程度はわかります）。

季節は冬で、時間は真夜中を表しますので、物事が一切、進展しにくい時期、時間であるのです。

さらに自分だけに凶が出るのではなく、家族など一番身近に感じられる方にも出やすいといえるのが大きなポイントです。

坤宮

どうしようもない時期を過ぎて、これから一歩進もうとする「準備宮」が今回の坤宮になります。準備宮というだけあって、大きな動きや派手なパフォーマンスは考えられませんが、この時期はやればやっただけ、努力すれば努力しただけの成果が得られる時期だといえます。

震宮

「幸運宮」といわれるだけあって、全般的に良いことが起こりやすい宮です。実力が社会に認められて活躍したり、何かのコンテストに入選したり、長年の願いが叶ったりする可能性が高いといえます。

さらに離宮と同じく影の事実が公になるとか、過去の病気が再発するといった意味もあるので、もし大きな悪事をしていれば、それは露見しやすいといえます。もっとも、基本的に良い宮であるので、悪事の露見ということはあまりないと思います。反対、過去に他人にしてあげた良いことは表に出たり、善意でやったことが大きく報道されたりするケースもあります。

さらに、新しいこととか新規事業に携わることも多くなりますが、そういう時には十分に調べるとかして「つい、やってしまって……」ということのないように注意してください。

巽宮

この宮も前の震宮に似ていて幸運期だといえます。この宮には整う意味があります。人生も整って上手くいき、社会の信用を得て物事が整い、異性の信頼を得て結婚という生活が整うというように、すべてが整う意味になるのです。

反面、この宮には風の意味があります。また、何度も繰り返すとか伏すいう意味もあるために、方針が一貫しなかったり、考えがあちこち飛んだり、といった意味も含みます。

整う意味と同時に、増減や波乱の意味をも持つ、実に複雑な暗示なのです。

(2) 星を掛けて吉凶を出す

九星盤が四つ並んで年・月・日・時の盤ができます。この四つを掛けて吉凶を出して判断をするのです。

実例を挙げて説明していきたいと思います。

> 山田太郎さん　昭和58年7月16日生まれ
> 占断日　平成28年8月4日午後4時

まずは占いをする人、あるいは頼んだ人の九星(本命星)まず見つけます。

山田さんは昭和58年7月16日生まれですから、八白土星となります。

次に占おうとする時間から九星盤を作ります。平成28年8月4日午後4時ということですから、二黒土星年・六白金星月・四緑木星日・四緑木星時になります。

なお、平成28年の8月は7日10時43分から始まるので、月盤は7月と判断します。ですから五黄土星月ではなくて、六白金星月となるのです。

さらに、時盤で陰遁か陽遁かと調べると陰遁で、四緑木星時になるのです。

出来上がった盤から山田太郎さんの本命星である八白土星がどこの宮にあるか、さらにどの九星が掛かっているのかを調べます。

まず、盤を四つ出します。

年盤

		南		
	1/巽	6/離	8/坤	
東	9/震	2/中宮	4/兌	西
	5/艮	7/坎	3/乾	
		北		

月盤

		南		
	5/巽	1/離	3/坤	
東	4/震	6/中宮	8/兌	西
	9/艮	2/坎	7/乾	
		北		

日盤

		南		
	3/巽	8/離	1/坤	
東	2/震	4/中宮	6/兌	西
	7/艮	9/坎	5/乾	
		北		

時盤

		南		
	3/巽	8/離	1/坤	
東	2/震	4/中宮	6/兌	西
	7/艮	9/坎	5/乾	
		北		

と四つの盤が完成しました。

ここから一段掛け、二段掛け、三段掛け、四段掛けをやっていくのです。

では実際にやってみましょう。

(3) 一段掛け

一段掛けとは、時盤から月盤に掛けて判断をすることをいいます。

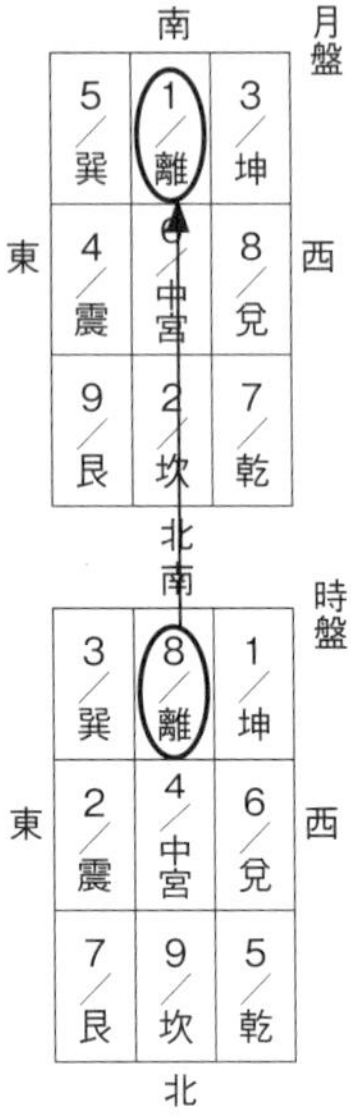

本命星の八白土星は時盤で離宮に入り、月盤では一白水星に掛かっています。本命星が自分で、掛かる先を相手として146ページの表で吉凶を判断すると、大凶となっています。これを「離宮にいて一白水星が掛かり大凶とする」と判断します。

一段掛けは時間的にこの問題が生じた時点での過去の状況が出るか、現在の状況が出やすいとします。

(4) 二段掛け

二段掛けとは、日盤から年盤に掛けて判断をすることをいいます。

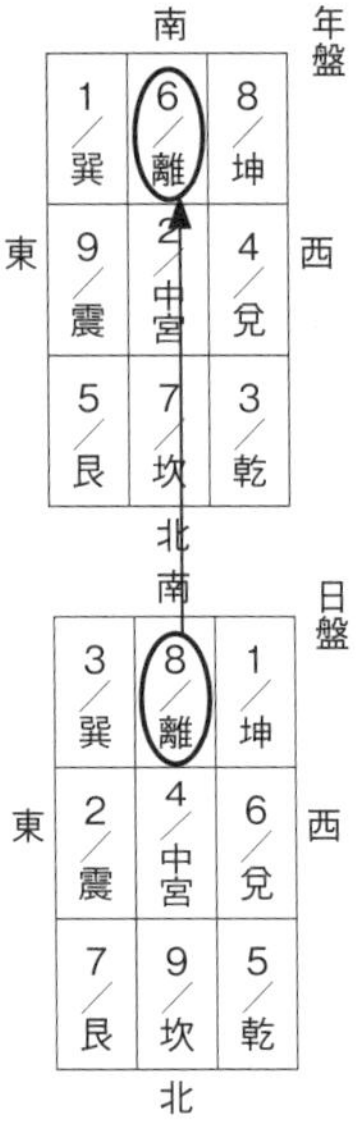

本命星の八白土星は日盤で離宮に入り、年盤では六白水星に掛かっています。

吉凶は大吉となっています。これを「離宮にいて六白水星が掛かり大吉とする」と判断します。

二段掛けは時間的にこの問題が生じた時点での現在の状況が出やすいとします。あるいは一段掛けと二段掛けとを合わせて現在と見ることも可能です。

(5) 三段掛け

三段掛けとは、年盤から日盤に掛けて判断をすることです。

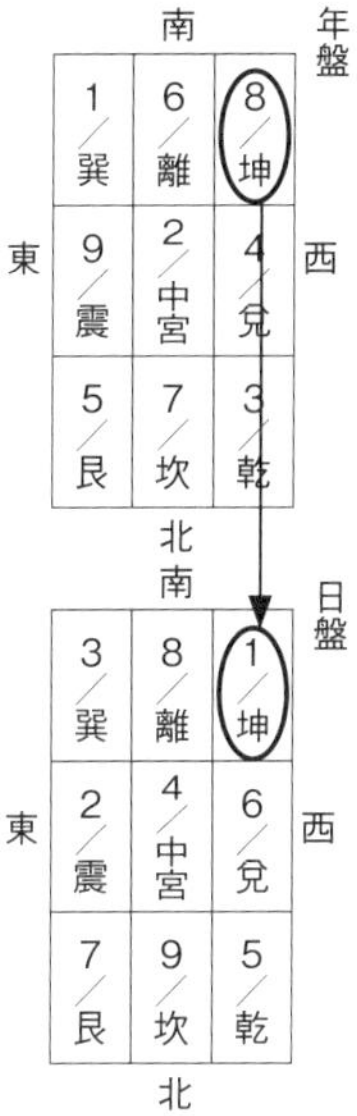

本命星の八白土星は年盤で坤宮に入り、月盤では一白水星に掛かっています。吉凶は大凶となっています。これを「坤宮にいて一白水星が掛かり大凶とする」と判断します。

三段掛けは時間的にこの問題が生じ、だいぶ経った中間時点が出やすいと判断します。あるいは成り行きを示していると判断してもよいでしょう。

(6) 四段掛け

四段掛けとは、月盤から時盤に掛けて判断をすることです。

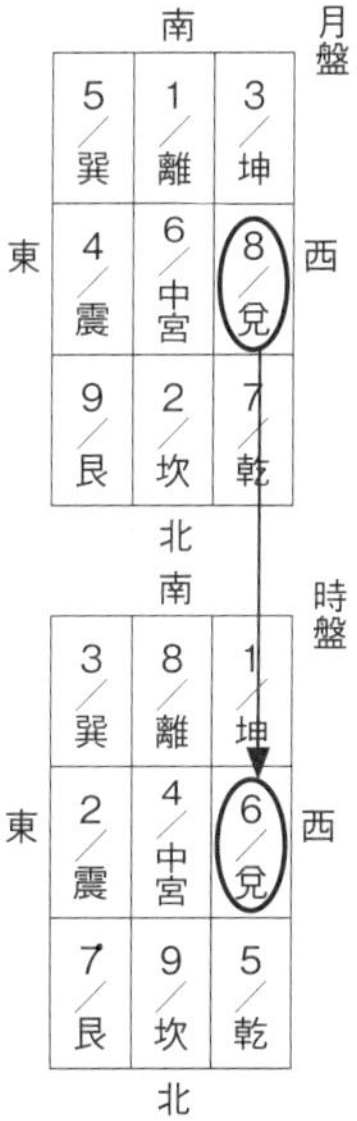

本命星の八白土星は月盤で兌宮に入り、時盤では六白金星に掛かっています。吉凶は大吉となっています。これを「兌宮にいて六白金星が掛かり大吉とする」と判断します。

四段掛けは時間的にみて最後の段階ですので、この問題の結論や最終判断が出るものとします。

（7）判断事例

さて吉凶はどのように出すかといいますと、相克する側とされる側は無視して、とにかく相克は大凶とします。同様に、相生もする側とされる側は無視して大吉とします。中吉は比和とします（桐山靖男『密教占星術Ⅱ』平河出版社参照）。本書でもこの判断を採用しております。

四段掛けにおける九星同士の相生・相克一覧表

自分＼相手	一白	二黒	三碧	四緑	五黄	六白	七赤	八白	九紫
一白	中吉	大凶	大吉	大吉	大凶	大吉	大吉	大凶	大凶
二黒	大凶	中吉	大凶	大凶	中吉	大吉	大吉	中吉	大吉
三碧	大吉	大凶	中吉	中吉	大凶	大凶	大凶	大凶	大吉
四緑	大吉	大凶	中吉	中吉	大凶	大凶	大凶	大凶	大吉
五黄	大凶	中吉	大凶	大凶	中吉	大吉	大吉	中吉	大吉
六白	大吉	大吉	大凶	大凶	大吉	中吉	中吉	大吉	大凶
七赤	大吉	大吉	大凶	大凶	大吉	中吉	中吉	大吉	大凶
八白	大凶	中吉	大凶	大凶	中吉	大吉	大吉	中吉	大吉
九紫	大凶	大吉	大吉	大吉	中吉	大凶	大凶	大吉	中吉

それでは再度、内容を確認していきましょう。

一段掛け：時盤から月盤に掛けて判断をします。

離宮にいて一白水星が掛かり大凶とする。

一番掛けは時間的に、この問題が生じた時点での過去の状況が出るか、現在の状況が出やすいとします。

二段掛け：日盤から年盤に掛けて判断をします。

離宮にいて六白水星が掛かり大吉とする。

二段掛けは時間的に、この問題が生じた時点での現在の状況が出やすい、あるいは一段掛けと二段掛けとを合わせて現在と見ることも可能です。

三段掛け：年盤から日盤に掛けて判断をします。

坤宮にいて一白水星が掛かり大凶とする。

三段掛けは時間的に、この問題が生じてある程度時間が経った中間時点が出やすいと判断します。あるいは成り行きを示していると判断してもよいでしょう。

四段掛け：月盤から時盤に掛けて判断をします。

兌宮にいて六白金星が掛かり大吉とする。

四段掛けは時間的に最後の段階ですので、この問題の結論や最終判断が出るものとします。

そして、①入る星の象意、②入る宮の象意、③五行の吉凶を縦横無尽に組み合わせて、占おうとする事象のすべてを判断していくのです。

私の経験からですが、この四段掛けを使って友人達を占わせてもらっている時、さらには二段階目の日時盤掛けで判断する時も、三段階目の日盤鑑定をした時も、

著　者　ふ〜ん、その問題こういう点から発生したのでしょ？
質問者　えっ、ちょっと、ちょっと待ってよ。
著　者　それでこうこうこういう変化をして、こうなったんだよね。
質問者　ちょっと、待ってよ。何で僕が何も言わないのに、あなたが先にどんどん状況を言うわけ？
著　者　外れていた？
質問者　当たっているから気持ち悪いんじゃないか。この先もズバリだとちょっと聞きたくなくなるよな。もういい。これから先は言わないで！

ということが何回もあったのです。

友人達のそうした反応を多く見て、この九星術の素晴らしさが胸にずしんときたのです。これは覚えていて損はないのだと。

では、続けて事例を挙げて解説をしてみましょう。

（8）占断実例1

Q 住宅ローンの返済がかなり苦しくなっています。返済は大丈夫でしょうか？　今、半年間二部屋空いているのです。部屋はいつ契約できるでしょうか？　このままやっていけますか？

占断依頼者：男性
生年月日：昭和43年12月12日　43歳（五黄土星）
占断日：平成28年9月14日午後2時（東京占）
二黒土星年・四緑木星月・四緑木星日・五黄土星時

年盤（南が上、北が下、東が左、西が右）

1/巽	6/離	8/坤
9/震	2/中宮	4/兌
5/艮	7/坎	3/乾

月盤（南が上、北が下、東が左、西が右）

3/巽	8/離	1/坤
2/震	4/中宮	6/兌
7/艮	9/坎	5/乾

日盤（南が上、北が下、東が左、西が右）

3/巽	8/離	1/坤
2/震	4/中宮	6/兌
7/艮	9/坎	5/乾

時盤（南が上、北が下、東が左、西が右）

4/巽	9/離	2/坤
3/震	5/中宮	7/兌
8/艮	1/坎	6/乾

一段掛け　中宮に坐して四緑木星に掛かる。
五行の相生相克関係：大凶。
二段掛け　乾宮に坐して三碧木星に掛かる。
五行の相生相克関係：大凶。
三段掛け　艮宮に坐して七赤金星に掛かる。
五行の相生相克関係：大吉。
四段掛け　乾宮に坐して六白金星に掛かる。
五行の相生相克関係：大吉。

一段掛け　中宮に坐して四緑木星に掛かる。
五行の相生相克関係：大凶。

中宮に坐《ざ》して（これは「（本命星が）中宮にあって」という意味です。どの宮にあるのかを「○宮に坐して」と表現します。先生によっては「○宮に入って」と表現します）いるので見た目の勢いは強いのですが、運勢としてはこれから下がり始めます。あるいは既に下がっているといえます。

そこで、四緑が掛かるので、何か考え違いをしていないか考えるべきです。あるいは気迷いごとがあるとか、焦って急に何かをして困っていないでしょうか？

問題では、契約事でご自身にとってマイナスの問題が出やすいといえるので注意が必要です。それで大凶が出ているのだと判断できます。

話を聞いてみますと、「実はマンション経営もやっているのですが、賃貸物件のうち、２軒が急に『転居します』ということで出て行き、半年間も次が決まっていないのです。不動産業者はお客さんを紹介してくれるのですが、全然決まりません」とのことでした。

「契約事での問題が出やすい」と読んだのは、「契約がなかなか決まらない」ということだったのです。すると、五行の相生相克関係では大凶となっているため、四緑木星を凶と判断し、「ぐずぐずしていてなかなか決定ができにくい」と読めます。まして四緑は紙を暗示していますので、契約書や契約をすることとも取れます。

このように、一段掛けで原因というか、現状がはっきりと出ているわけです。

ここで注意ですが、占術、特に卜占術においては、「最初にその卦なり占盤なりをきちんと原理原則の通りに出して、的中するか否かを判断できなければ、その占いは全く当たらない」といえます。

ですから九星卜占術では、この一段掛けや二段掛けで占ったご自身が「当たっている！」との確証が得られない限り、三段掛けや四段掛けは全く当たらない(的中が期待できない)ということになるのです。

これはすべての占いに共通して存在する原則のようなものなので、初めて学ぶ方は、是非、覚えておいてください。

二段掛け　乾宮に坐して三碧木星に掛かる。五行の相生相克関係：大凶。

乾宮に坐して三碧木星に掛かるのですが、乾宮は中宮よりさらに勢いが落ちます。

注意すべきは「混乱や変動が起きる傾向にある」という点です。先に吉凶を判断すると大凶ですから、「悪いことが起きやすい」といえます。ではどのようなことでしょうか。それは三碧木星を考えればわかります。

三碧は「声あって形なし」という感じですので、具体的には「不動産屋から声だけが掛かるが、はっきりした契約を結ぶまでには至らない」ということになるでしょう。三碧木星には、電話の象意がちゃんとあります。

「賃貸料は？」と聞くと「もうこれ以上は下げられない」とのことでした。さすがの私も「うーん」とうなるしかありません。

一段掛けと二段掛けの二つで、今の状態がはっきりと出ているのです。

それでは、これからどうなるのか？　それは三段掛けと四段掛けで出てきます。

三段掛け　艮宮に坐して七赤金星に掛かる。五行の相生相克関係：大吉。

三段掛けは、途中の成り行きやこれから進んで行く先をメインに現します。今は艮宮に坐して七赤金星に掛かるのですから、それをしっかりと読んでいきます。

艮宮は変動宮であって、大きく止まるのか新しく動くのかに分かれます。質問は「今まで契約が上手くいかない」状態でしたので、これからは新しく動く可能性が高いといえます。

吉凶を見ますと大吉になっているので、まずは「新しい契約はちゃんとできる」可能性があります。これは大丈夫でしょう。

それでは、どのように大丈夫なのか？　それを判断するのには七赤金星を考えればわかります。七赤金星は喜びであり現金ですから、「やっとお金が入る」と読めます。

ということは、「新しくマンションを借りる人と契約ができて、お金が入る」ことになります。それはいつでしょうか。

七赤金星は９月節を意味（68ページ参照）しているので、９月７日から10月７日までにお金が手に入るのでしょう。

そして最後の結果として、四段掛けにいきます。

四段掛け　乾宮に坐して六白金星に掛かる。五行の相生相克関係：大吉。

四段掛けは、乾宮に坐して六白金星に掛かります。ポイントは、自分の権利について心配事がある点です。私がつかんだポイントは、自分の実力をわきまえて目標をしっかりせよということです。

吉凶は大吉ですので、まずは大丈夫でしょう。

しかし、ちょっと気になるので命占でも判断をしてみました。これは「命卜合参《めいぼくごうさん》」といって、命占と卜占術とを同時に使って、的中率を上げる方法です。

命占で判断しますと、数え年49歳で、離命宮で身宮は坤というかたちになっています。ただ、数え年55~60歳と数え年61~66歳の12年間は五黄煞・暗剣煞が巡って運は大凶になっています。

凶が大きく出るまでには、あと6年間あるのですが、さらに小さいことでいうと来年と再来年は暗剣煞と五黄煞の2年間は大凶運になっているのです。

私が卜占術で「あれ?」と疑問に思ったのは、大凶運が近くに迫っていたからです。それで、6年後に来る暗剣煞と五黄煞を「軽く抑える方法」をお教えして、「契約は10月7日までには絶対に決まりますから、とりあえず安心してください」とお伝えして鑑定を終えました。

結果

二部屋ともに平成28年10月6日に部屋の借り手がついて、不動産業者がそれぞれの部屋の契約書を持ってきてくれたそうです。そして翌日(10月7日)に、契約書に貸主が印鑑を押して、さらに貸主は現金を振り込んでもらい、無事に契約が完了したそうです。

後日、依頼人からは「いやぁ、先生。ばっちり当たりました。10月7日まで待っていろとのことでしたが、先生の所にお伺いしてから、いろいろな不動産業者がお客さまを連れてきてくれて、『もう決まる。もう決まる』と思っていたのに全く決まらず、閉口しました。ですが、『もうあと1日!』という時に、それもあっという間に決まってしまい、まるで魔法をかけていただいたような気がします。ありがとうございました」と電話でお礼をいただきました。

（9）占断実例2

Q あるセミナーに出ようと思います。出てもよいでしょうか？　出たらどんなことがありますか？

占断依頼者：女性
生年月日：八白土星生まれ
占断日：二黒土星年・五黄土星月・五黄土星日・三碧木星時

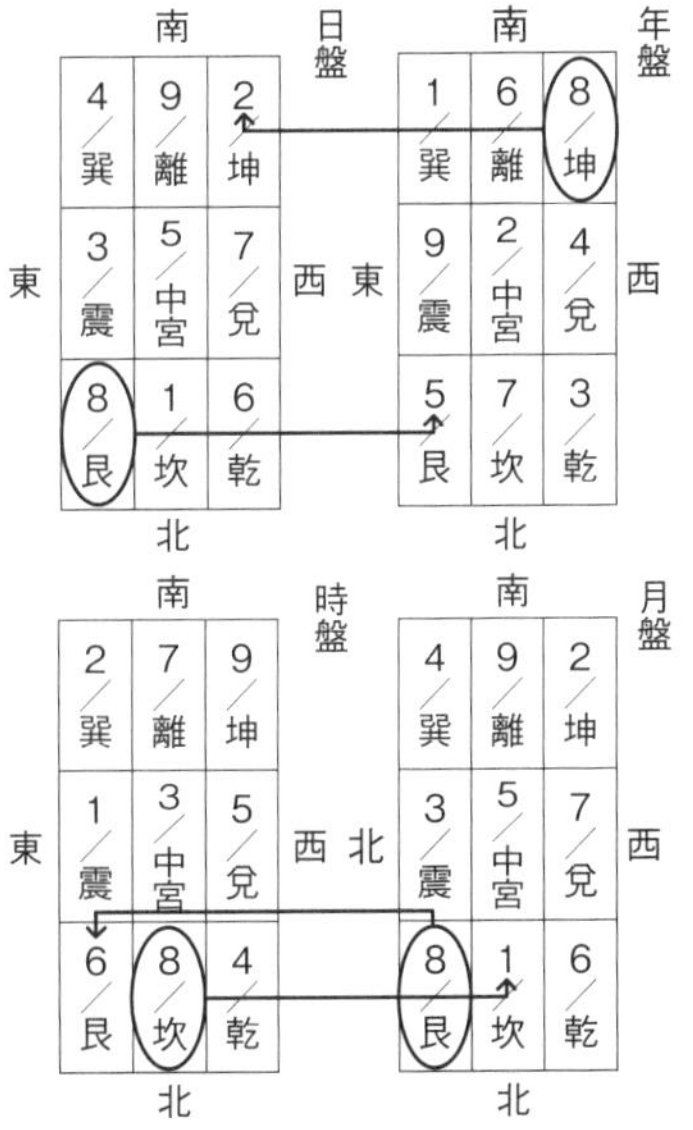

一段掛け　坎宮に坐して一白水星に掛かる。
五行の相生相克関係：大凶。
二段掛け　艮宮に坐して五黄土星に掛かる。
五行の相生相克関係：比和。
三段掛け　坤宮に坐して二黒土星に掛かる。
五行の相生相克関係：比和。
四段掛け　乾宮に坐して六白金星に掛かる。
五行の相生相克関係：大吉。

一段掛け　坎宮に坐して一白水星に掛かる。
五行の相生相克関係：大凶。

坎宮は困難を意味しており、悪い暗示がありま す。それに一白水星も坎宮と同じ意味を持ってい て、このセミナーに出席することはよくないと取れ ますし、五行の吉凶も大凶であると出ているので、 この出席は「やめた方がいい」と判断できます。

それでも敢えて出席するのであれば、何かしら 良くないことが起きるであろうと読めます。

二段掛け　艮宮に坐して五黄土星に掛かる。
五行の相生相克関係：比和。

艮宮に坐して五黄土星に掛かるのは、艮宮の変 動運が作用して、大きく止まるか、新しく動く意 味が出やすいのだといえます。まして掛かる星が 五黄土星ですから、その作用は厳しく、吉にも凶 にも強い作用が出やすいといえます。

ということは、悪い暗示で大きく止まると読め ますが、セミナーに出ると決めている以上は、違 う意味でどこかに行くとか何らかの理由でセミ ナーに参加しないのかもしれません。

それでも吉凶は比和なのですから、参加しなく ても大きな問題にはならないといえます。

三段掛け　坤宮に坐して二黒土星に掛かる。
五行の相生相克関係：比和。

三段掛けからは未来のことを予言し始めること になっています。坤宮に坐して二黒が掛かる場合 は、動きが鈍く、いろいろなことを延期したり止 まったりする傾向があり、自然とそのようになり やすいのです。そのために成功しづらかったり、成 就することが遅れたりしやすいのです。

もしかすると、あなた自身からセミナーに行かなくなるのかもしれません。

四段掛け　乾宮に坐して六白金星に掛かる。五行の相生相克関係：大吉。

乾宮に坐して六白金星が掛かるのは、もうこれで精一杯という暗示になります。こちらは行こうとしているのですから、もしかして向こう側から「定員に足りなかったので、開催しません」とでも言ってくるのかもしれません。

この四段掛けのすべてを見ても、そのセミナーに出ない方がよいですし、出てもあなたにとって何もよいことはないでしょう。新しく学ぶこともないと思います。

結果

セミナー自体、開催されないで終わりになりました。

ここで注意点があります。セミナーを始め、講演会や学習会などを占う時には、「いつ開催するか?」「いつ中止されるか?」は占断する必要はありますが、「いつ中止されるか?」などは占う必要はありません。実際に占う場合には、こういう点は、是非、覚えておいていただければと思います。

さて、この占的を占った場合、一段掛けから四段掛けまですべてで「行かないでいい」や「行く必要はありません」と出ていたことになります。

こういう実例もあったと覚えておいていただければと思います。

(10) 占断実例のまとめ

ここまで簡単に実例として二つの問題を挙げました。

占断は簡単ですが、この九星四段掛けはかなり当たるといえるのではないでしょうか。初級とされている術でもここまで的確に答えが出るものです。これが卜占術の不思議なところだといえます。

ですが九星術のもっと不思議なところは、私が学んだ術は九星術の中の一部にすぎないということです。もっというと、九星術には一般に気学というものがありまして、その他に私が学んだ九星術が存在するのです。さらには干支九星術というものがありまして、この術で有名な先生は望月治先生です。

望月先生は10年以上研究して、「ん！　よし！」とご自身で納得したものしか解説してくださらなかったといいます。

私がお話しできるのは、自分が学び、自分が納得して自分で占断できるものでしかありません。優れた先生方を知っている身の上としては、自分が最高などとは絶対にいえません。

できればみなさん、時間が作れたならば、私の話をもとにして、気学も干支九星術も学んでいただければと思います。

ちなみに、盤が同じものが並んだ場合は盤にそのまま使うのか盤を変化させるのか、特殊な掛かり方をした時に「幽霊とか、生霊とか怨念とかいう不思議な力が働く場合」を考える特殊な盤の存在を認めるのか、あるいは同じ人物が同一時間内（2時間以内）に違う質問を複数した場合に盤を変化させるか否かといったケースも存在しますが、ここでは述べません。いわば、秘伝に属するからです。

まず基本をしっかりと学んでいってください。それから秘伝の技を会得するチャンスが来ます。そうすれば秘密の技もキレが違ってくるのです。

「十年一昔」という言葉は今でも生きています。術の世界では、①秘伝の安売りをすること、②安易に指導者の資格を与えることは、厳に慎まなければならないことなのです。これはしっかりやっていきたいと思っています。

3 日時盤掛け

中級に位置する日時盤掛けですが、いろいろな流派、流儀が存在しています。干支九星術では中級の日時盤掛けを「中免法《ちゅうめんほう》」と呼び、上級の日盤鑑定法を「奥免法《おうめんほう》」と呼んでいます。ですが中免法と奥免法とは密接に関連しており、判断法も精密で難しいものです。

今回は私が使う術について説明をします。

私が使う日時盤掛けは九星術というよりも、九星盤を使って易卦を出す方法です。易ですから用いるのは八卦です。すると九星では一つ余ってしまいます。それが五黄土星なのです。

この五黄土星をどうするかで易卦は大きく変化をしてしまいます。そこで九星命理占でも使った、五黄が掛かる際に男性であれば坤に変化させ、女性であれば艮に変化をさせて易卦を作るという方法に変えます（流派によっては反対に、男性は艮卦に変え、女性は坤卦に変える方法もあります）。

このような説明をしますと「ええっ！　易というのは筮竹を使って卦を出すのではないの？」という疑問が出てくるでしょう。筮竹を使って易卦を出すのは周易です。易卦を出す技術はいろいろあります。計算で出したり、暦を使ったり、手段はさまざまです。どういう易の出し方をしても、術の範囲内であれば全く問題はありません。

それでは、実例を挙げながら説明していきたいと思います。

（1）占断実例3

占断日：平成28年10月2日午後6時
依頼者生年月日：昭和46年9月生まれ（二黒土星）

相談内容

知人にここ数日電話連絡をしているのですが、相手が電話に出ません。携帯電話にも一般電話にもかけているのですが、連絡が取れないで困っています。ケンカをしたわけではなく、彼の悪口を言ったわけでもなく、どうして返事がこないのかわかりません。彼には奥さんも子供さんもいるので、何かあれば電話で教えてくれると思いますが、待つべきでしょうか？　あるいは警察に電話した方がよいでしょうか？

占断

暦を使って易卦を出してみましょう。

平成28年10月2日午後6時という頼まれた時間の九星盤で立卦《りっか》（易を立てること）をします。

平成28年は二黒土星、10月は8日の5時36分から始まりますので、まだ9月で四緑木星とします。

ですから、こうなります。

> 二黒土星年
> —
> 四緑木星月

10月2日は四緑木星の日ですので、日盤は次の通りになります。

日盤

	南		
	3／巽	8／離	1／坤
東	2／震	4／中宮	6／兌	西
	7／艮	9／坎	5／乾
	北		

この時に九星の巡り方は九星の数字が日を追うごとに少なくなっているので、今は陰遁の時期です。今日の干支は丁巳の日ですので、137ページの時盤九星表から判断すると九紫火星の時刻となります。

時盤

南

東				西
	8/巽	4/離	6/坤	
東	7/震	9/中宮	2/兌	西
	3/艮	5/坎	1/乾	

北

これで準備が整いました。これを易に直します。

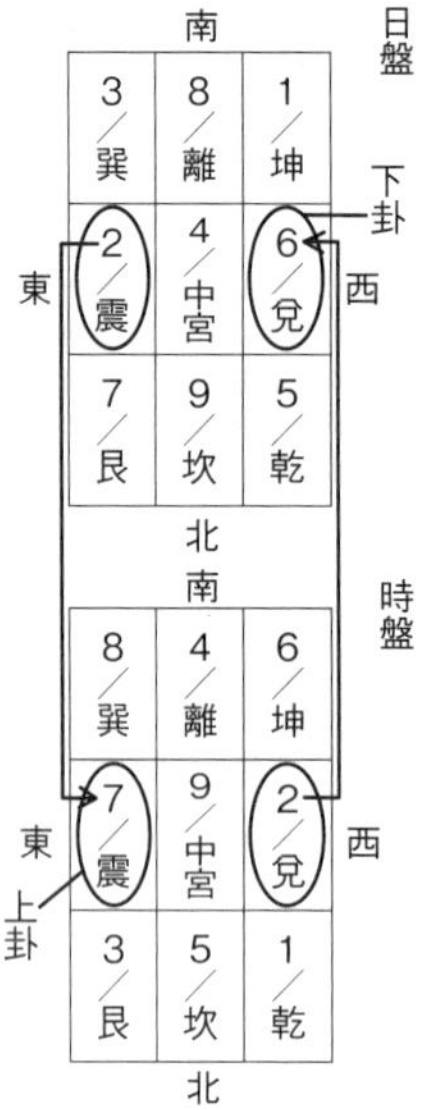

(1) 日盤から時盤を見て、本命星が入っている場所にある星を「上卦」とします。この場合は七赤金星＝沢(兌)卦になります。

(2) 時盤から日盤を見て、本命星が入っている場所にある星を下卦とします。この場合は六白金星＝天(乾)卦になります。

ここからすると、この場合は「沢天夬《たくてんかい》」の卦になります。これを判断すればよいことになります。なお、六十四卦の早見表は巻末に掲載しております。

沢天夬の卦は「決まる」や「決める」という意味があって、重大な決断を迫られたり、地位を剥奪されたりする暗示があります。

もう少し具体的にいいますと、「強すぎてこと破る」や「徳がないのに高位に登り、非難される」といった意味が出てきます。ですが、普通の人に合わせるのは無理がありますし、易占には「爻辞占《こうじせん》」

と「象意占《しょういせん》」があって、私は主に象意占（または「象占《しょうせん》」ともいいます）を使うので、その通りにやってみます。この占的で象占を使います。変爻《へんこう》を使って易卦を出しますと、沢天夬三爻変《さんこうへん》になります。

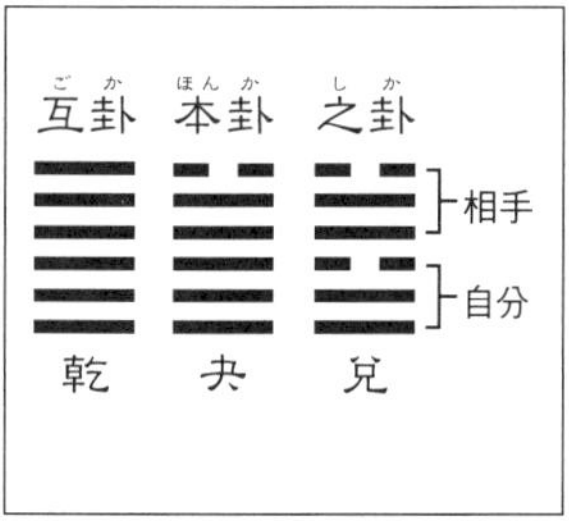

卦の意味から判断すると、これは相手に何か問題が出ているか、今は忙しいと解釈できます。さらに本卦の爻を変じて之卦を作ってみますと、自分が電話をかけても相手はこっちを見ないで、誰かと話をしているように象が出ています。

易卦はすべて比和ですから、怒っているとか、無視をしているとかは全然感じられません。

あと3日か9日経てば（10月5日から10月11日）、先方から連絡が来ると思われます。気長に待つとよいでしょう。

結果

結果は、占断通りの10月11日に電話があったとの報告をいただきました。「何で電話をくれなかったのか」と相手の行為をなじると、「いや～、すまん、すまん。実はこういうわけでさ……」と嬉しいことにかえってお得意さまがぐっと増えたそうです。「先生、お見事としか言いようがありません。また何かありましたらよろしくお願いします」とお礼を述べられました。

（2）変爻について

本文内で、「本卦の爻を変じて之卦を作ってみますと」といいました。ここで動変《どうこう》と変爻《へんこう》の違いについて説明します。

動爻というのは「本卦の爻、動く爻」で、変爻というのは「之卦の爻、変化した爻」を指しています。厳密にはこのように違いはあるのですが、大ざっぱにいって動爻といっても変爻といっても同じだと考えてください。ですからここでは変爻という言い方にしてあります。

続けて、では、なぜ易には変爻（はっきりいうと之卦）が必要なのかについて補足をしておきます。

易は「変化の書」という英訳の本があるそうですが、易は変化をきちんととらえる書です。易卦が動かなければ変化をとらえることができません。それで易の占断方法にはどうしても易卦を変化させる方法（動爻を取る、変爻する）ができているのです。

占術を細かく調べて研究していけば、次のことが理解できるでしょう。

易を人間の父だとすると、九星術は成人した長男であるといえます。いわば易は古代の真理を含んでおり、九星術はより進化した理屈を持っているといってもよいでしょう。

易と九星とが親子（あるいは兄弟）になっている証拠に、易卦の象意と九星の象意は同じになっているのです。乾卦＝六白金星・兌卦＝七赤金星・離卦＝九紫火星・震卦＝三碧木星・巽卦＝四緑木星・坎卦＝一白水星・艮卦＝八白土星・坤卦＝二黒土星・易卦なし＝五黄土星という関係がありますし、八卦＝先天、九星＝後天という分類方法もあるのです。

時代は変わったので、今こそ古流と新しい流派の両方を知るべきでしょう。だからこそ、古い流派の易と新しい流派の九星術を同時に使うのです。

さて、易では、六本の算木（陽爻━とか陰爻╍とかの棒）を使って六十四卦を出し、その六本の算木（この場合、爻と表現が変わります）の一本一本に吉とか凶とかの答えがあるとします。その爻は一つの卦に6本あるのですが、六十四卦だけではどれが答えなのかわからなくなってしまいます。そのために6本の爻のうち1本を取る（決める）ことで、答えを一つだけ決めようとしているのです。

変爻の出し方の一つの例

それでは、どのように「変爻」を九星術の盤から取るのでしょうか。これにはいろいろな方法があるのですが、一つ私がやっている方法を紹介いたします。

本命星が三碧木星の方を占ったとします。占おうとする時間は平成29年9月の運勢です。九星盤だけでも運勢はわかりますが、九星術に易の判断を加えてより正確に答えを出そうとします。

まずは易の爻を出します。

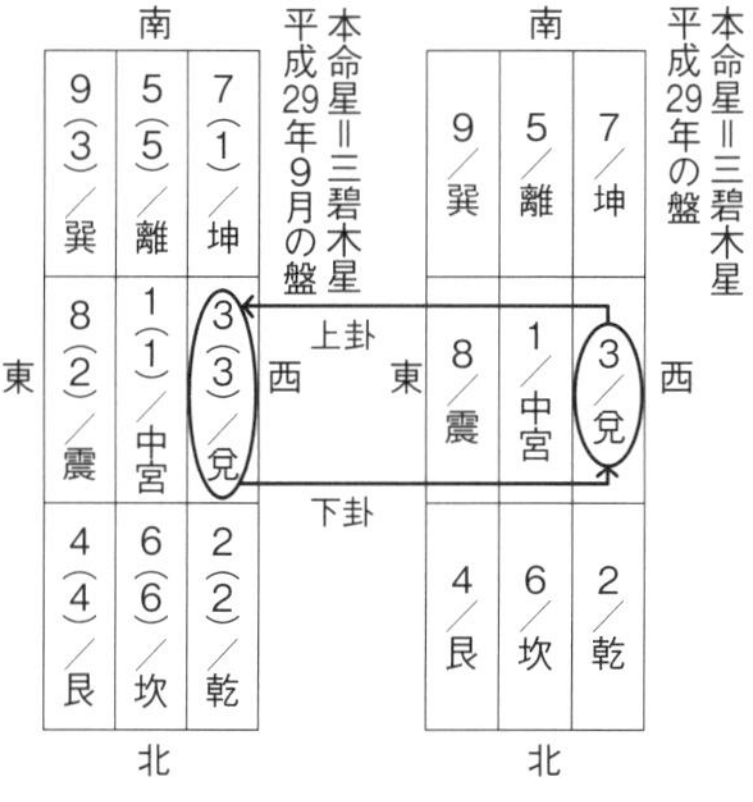

数字は変化させる爻を表します。年盤と月盤とでは扱う時間が違います。短い方を取って何爻変かを決めます。こうして震為雷三爻変の卦が出ます。

（3）之卦について

変爻についても説明をしましたので、「之卦《しか》」についても簡単ではありますが、解説をしておきたいと思います。

易で変爻を取れば、自然と之卦が出ます。ここで先程の「どうして変爻を取るのか」という疑問と、「どうして之卦が必要なのか」とは、ある意味同じことなのですが、厳密に考えると全くセンスが違う内容になっています。

> （1）本卦を判断する時は、動爻（本卦で動いた爻）をメインに見る。
> （2）之卦を判断する時は、変爻した方の小成卦をメインに見る。
> （3）本卦と之卦の両方を見て、全体的にどのように変化をするかを考える。

という技法の本質をとらえることが大切です。

之卦の取り方

本卦で「○爻変」といった爻が陰爻（- -）であったら陽爻（—）に変化させ、陽爻であったならば陰爻に変えればよいのです。

なお、易に関しての詳細は本書では触れません。巻末207ページの参考文献より各自学んでみてください。

（4）占断実例4

今度も日時盤だけで判断をしてみましょう。

日盤：二黒土星
時盤：五黄土星
本命星：六白金星
依頼人：女性
占的：今日の一日は、どんなことが起こるのでしょうか？

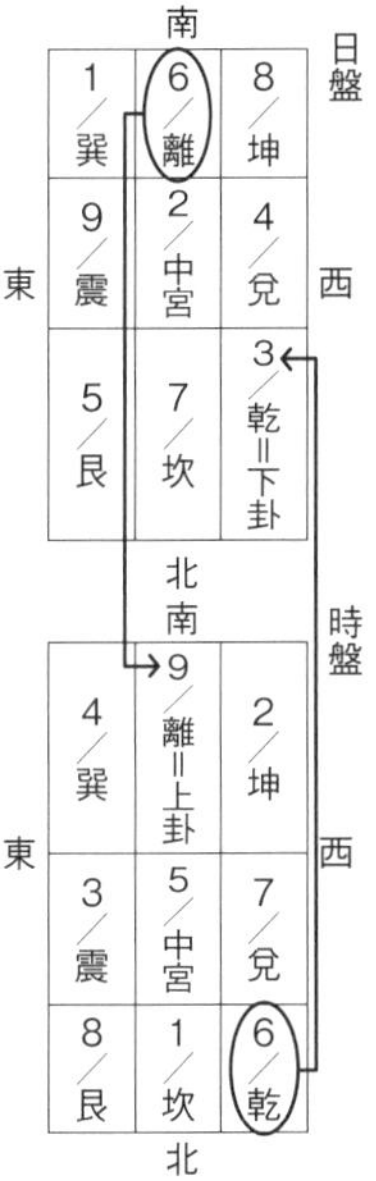

これは火雷噬嗑《からいぜいごう》二《に》爻変《こうへん》になります。

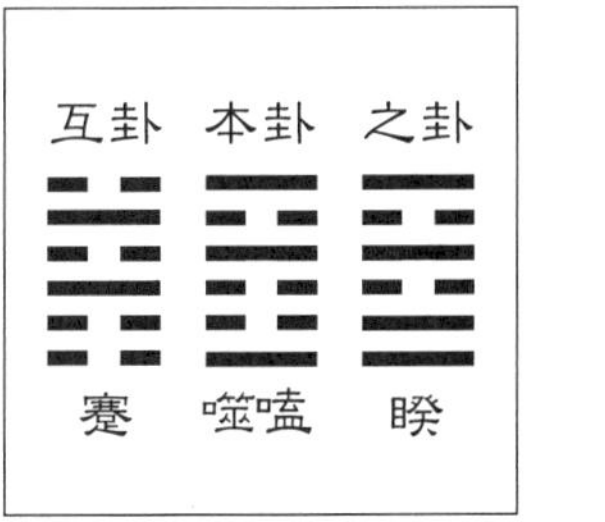

身なりからするとこの方は普通の奥さまですが、上に「離火」があって下に「雷木」がありますので、「離火に向かって進む、進んでいく」と取れます。

読みすぎかも知れませんが、離火は神仏を表し、震木は進むになるので、「どこかの神社か寺院にお参りに行くのではないか」と思いました。私の経験からしますと、離火、震木、巽木と出た場合には「神仏」、「読経か祝詞《のりと》奏上」、「線香をあげる」

といったパターンが圧倒的に多いのです。

その上、互卦を見ますと「水山蹇《すいざんけん》」ですから、「坎水」で水を掛ける、「艮土」で墓とも読めるので墓参とも取れます。さらに之卦は「睽」ですから、卦の本来の意味は不和とか背くとかの意味になります。

ですが、悪い意味を持っているのであればこのような聞き方はしないでしょうし、「今日どんなことがありますか?」といった時の顔は、私には輝いて見えたので、卦の意味は無視しまして、「神社に参拝して、その後でお友達と会う」と読みました。

ただどうしても、睽が気になったので「友達は3人で会う予定だったのですが、一人だけ急に来られなくなって、二人になるのかもしれません」といいました。

易卦の意味は悪いのですが、輝いている顔を見た瞬間に、私の判断は逆になっていたのです。

結果

結果は占った通りに、「神社に参拝をする」と「お友達と会う」ということになりました。さらに「沢金」の意味も喜びに取って、「何かプレゼントの交換をしたのですか?」といいましたところ、私のいったことはすべてその通りになった、つまりしっかりと当たっていたのです。

いつも思うのですが、占う方としては、当たる時には自然と答えが出てくる時と、じっくり悩んで出てくる時がありますが、神仏相手の占断はすんなりと答えが出て、それ以外の問題はじっくりと扱うことが多いといえます。

4 日盤鑑定法

　ここまで、九星四段掛けと日時盤掛けとの二つの術を紹介しました。

　最後に紹介します九星卜占術は、「日盤鑑定法」という、いわば秘伝に属する鑑定法で、普通には全く知られていない術です。前にも申し上げたと思いますが干支九星術では奥免法という術に分類されています。

　九星日盤鑑定法という占法は『九星日盤鑑定要法』（東洋書院）という本に書かれています。著者は故・斎藤擁道《さいとうようどう》先生です。それ以外にも角山《つのやま》素天《そてん》先生や東海林秀樹先生らがこの『日盤鑑定法』を書かれています。興味のある方はこれらの先生の著書を買って読んでみてください。

　さて、占い方ですが、次のようにしていきます。

①九星が書かれている暦を用意します。最近は高島易断本部だけではなくいろいろな出版社から九星暦が発行されています。その暦には流派によっていろいろと違う点があったりしますが、今、手にしている暦は「自分にピッタリとあっている」と信じて使ってください。
②日盤を出して、紙の上に記録をします。
③本命星が、占おうとする日盤のどの宮に入っているかを見て、その宮を「体」とします。「体」は本人の職業、性格、現在の運勢、将来の運勢などを鑑定します。
④本命星の両隣の宮と対冲《たいちゅう》の宮を「用」とします。この部分を過去、現在、未来として判断するのですが、この宮に入っているから過去だとか判断するのではなく、よく考慮すべきです。

※対宮《たいきゅう》とは、互いに向かい合っている宮で、巽宮と乾宮、震宮と兌宮、そして艮宮と坤宮をそれぞれ対宮といいます。
　一方、対冲ですが、これは一時代の運命学の権威として謳われた中村文聴先生が発見された論法とされているものです。定位対冲《ていいたいちゅう》ともいい、これは凶意を持つとされます。これは後天定位盤の定位置と真反対の配置に重なった部分を、「定位対冲している」と判断するのです。運命学の権威になろうとしなければ「凶意がある」と判断するだけでよいでしょうが、一流の鑑定をするのであれば中村先生の著書を読んでいただければと思います。

（1）占断実例5

占断日：平成28年10月6日
本命星：五黄土星
占断依頼者：男性
占的：今計画している出版は上手くいくか？

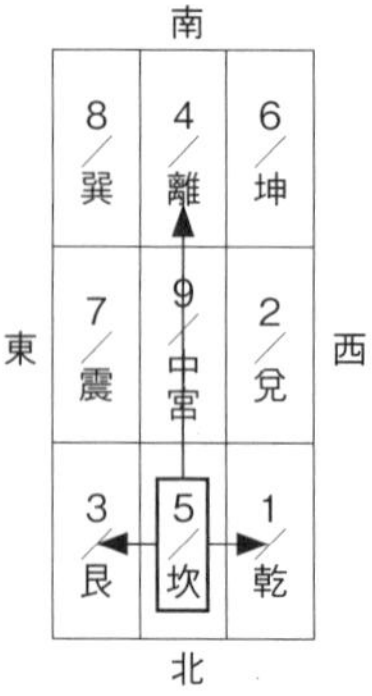

出版業界はいろいろとあるようですが、とにかく九紫火星の日盤を使って、占断依頼者の運を見てみましょう。

中宮を見る

中宮は九紫火星ですから、おおまかに今の依頼者の運勢を判断します。

全体的に華やかなことと付くこと、別れることを司り、すべてにおいて付くと離れるという意味がつきます。

つまり、逡巡して実行し難く、怠け心が出るか、実行し難い状況に陥るかだと読めます。

本命星が入っている宮を「体」として判断する

坎宮は本人の状況を表すので、困難や遅い、問題がある、さらにその問題が大きくなっていると取れます。さらに本命星(＝五黄土星)とは相克になっているので（坎＝水、五黄土星＝土ですから、土剋水を意味します）、ご本人には現在のところ、困難が多いであろうことは間違いがないと思えます。

そこで、「大変な困難に直面していませんか?」といいますと、「その通りです」との答えでした。

さらに続けて、「計画している内容はどんどん膨らんでしまい、それがために、ますます遅くなってしまっていると読めました。今、計画している内容がどんどんと膨らんで、どんどん延期し、困っていませんか?」といいました。

占断依頼者は黙って頷きました。

対宮と両脇の宮を判断する

対宮と両脇の宮を使って、この方の過去・現在・未来を判断できます。

対宮は四緑木星です。四緑は紙や本・書籍を表している（１３８ページ参照）ので、出版についての質問だとわかります。つまり占断内容は、占いに出ている通りなわけです。

ただし、暗剣煞がついているので結果としてはよくありません。マイナスのポイントが出るでしょう。

さらに乾宮に一白水星が入っていて本命宮と相克なので、先祖の祟りとあるように、「先祖から『待った!』がかかっている」とも読めます。

全体を判断しますと、「今は運が悪く、何度も書き直しているとますます進まなくなります。時期を待つのも一つの手ですが、神仏に手を合わせてみるのもよいかもしれません。とりあえず、先方から連絡があるまで待ってみるのも一つの方法です」ということになりました。

結果

結果としては、年が明けた1月に編集の方から催促を受けて、それからだんだんと執筆が進んでいったようです。

お話としては「じっくりと待っていてよかったです」とのことでした。運が凶であり、動けない時には動かないことが一番です。無理に動くからこそ凶が出るのです。

占いをやる場合に、「動かない」で大凶を封じることもできるのだと考えられればよいのだと思います。

開運方法はないことはありませんが、常に100%効くわけではありません。

消極的な方法ながら開運できる方法も、このようにあるのです。

(2) 暗剣煞の見方

暗剣煞を「暗剣殺」と書く先生がいらっしゃいますが、「サツ」は「殺」ではなくて「煞」であるのが本当です。

「暗剣殺とは、暗闇の中で後ろから急に刀を突きつけられるように、他人からの災いを受けてしまう凶方位です」と説明されている先生がおられますが、それはウソです。暗闇であれば、どこに刃物を突きつけても危ないのは当然です。

さらに、「暗闇でなくとも誰が殺したのかがわからない殺し方」を「暗殺」というのですが、暗殺は昼にはしないのでしょうか。さらに暗殺は急に刃物を突きつけられるだけで殺されないのでしょうか。違います。

「殺」はもともと罪人を刀で切り殺すことを意味していましたが、「煞」は「死ぬほどの目に遭わせる」

意味が強かったのです。

ですから暗剣殺の時期に死ぬこともあれば、反対に死なないで酷い目に遭うことも多いのです。

さて、暗剣殺には二つ以上あります（例1と例2）。自分の本命星、あるいは自分の命宮と反対の宮に五黄土星がある場合を暗剣殺といいます。200ページにも五黄殺と暗剣殺について説明をしておりますのでそちらも参考にしてください。

例1　卜術の場合

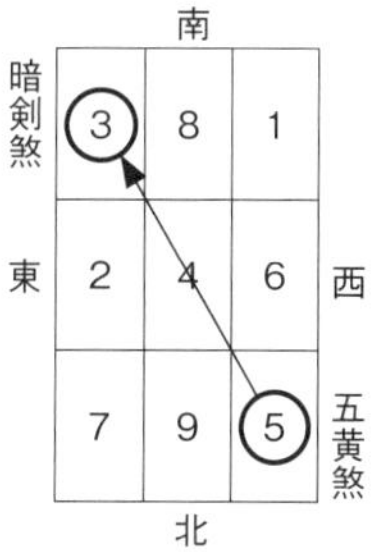

例2　命術の場合

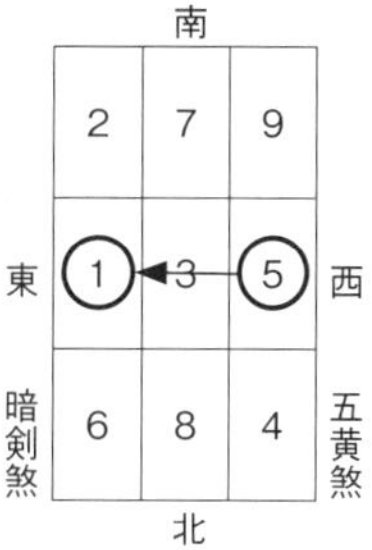

例えば、震宮傾斜であれば、三碧木星の時（大運・年・月・日）が暗剣殺であり、七赤金星の時が五黄殺の凶運時期であるといえます。

5 命とトとの併用日盤鑑定法

（1）占断実例6
トランプ大統領と安倍総理の会談

今やトランプ氏は第45代アメリカ大統領になった方です。大統領選挙が終わった後にもいろいろと問題が出ているようですが、実際の彼はどのような人物なのでしょうか。

早速、命盤を出してみましょう。なお、大運は内藤先生の出し方（119ページ）を参考にしております。

占断日：平成29年2月16日
鑑定者：ドナルド・トランプ　男性
生年月日：1946年6月14日（旧暦丙戌年5月15日（山））
生年九星：九紫火星　山沢損／山天大畜／無

生月

南

東＼西		
9／巽	5／離	7／坤
8／震	1／中宮	3／兌
4／艮	6／坎	2／乾

北

生日

南

東＼西		
4／巽	9／離	2／坤
3／震	5／中宮	7／兌
8／艮	1／坎	6／乾

北

大運状況

九星	年齢	
1	01〜06歳	55〜60歳
9	07〜12歳	61〜66歳
8	13〜18歳	67〜72歳
7	19〜24歳	73〜78歳
6 五	25〜30歳	79〜84歳
5	31〜36歳	85〜90歳
4 ア	37〜42歳	91〜96歳
3	43〜48歳	〜
2	49〜54歳	〜

ア＝暗剣煞　五＝五黄煞

流年（数え年齢）

九星	1	2	3	4 ア	5	6 五	7	8	9
年齢	9	8	7	6	5	4	3	2	1
	18	17	16	15	14	13	12	11	10
	27	26	25	24	23	22	21	20	19
	36	35	34	33	32	31	30	29	28
	45	44	43	42	41	40	39	38	37
	54	53	52	51	50	49	48	47	46
	63	62	61	60	59	58	57	56	55
	72	71	70	69	68	67	66	65	64
	81	80	79	78	77	76	75	74	73
	90	89	88	87	86	85	84	83	82

トランプ氏は本命星である九紫火星が入る巽宮がメインですので、政治家というよりは確実に商人、あるいは実業家だといえます。

政治家ではない方が大統領になる。これは日本でいえば豊臣秀吉のような人だと思いますが、こういう人を見ていると変わったことをするので、大変に面白いのです。

さらに巽宮生まれは温和な方が多いのですが、時として荒れた思想を持つといわれます。トランプ氏も考えに荒れた部分があるように見ますが、今後どうなっていくのかが見所でもあります。

医薬系の人も多いといわれますが、異性関係が荒れるとか離婚結婚を繰り返す可能性があるといわれます。そういえば、トランプ大統領の奥さまは3人目だったと思いますが、このあたりも命の範囲内に入るのかもしれません。

さらに巽宮は風の意味も持ちますので、気が変わりやすいとか変化に富んでいるといえます。これは、我々が既によく知っている部分でしょう。ですが、これがあまり強く出すぎると、一国の大統領としてはまずいのではないでしょうか。

さらに日盤では離宮を持っているので、表面は地味で働きものが多い命式です。確かにあれだけの資産を残しているのですから、懸命に働いたことは事実だと思います。

また乾宮ほどではありませんが、集団に参加したり、その集団の長になりたがったりします。確かに、今やアメリカの長となっています。さらに直感が鋭く、いわゆる霊能者タイプです。

人生の前半には大きく損をするでしょうが、後半にはその失敗から財産を大きく溜め込みます。これもきちんと出ています。

人生ですが、数え24～33歳まで（五黄煞）、さらに数え37～42歳まで（暗剣煞）は凶運に見舞われます。特に数え37～42歳までには十分な注意が必要でした。暗剣煞の凶は暗剣煞を超えた直後に出ることも多いのです。

実際の人生を見ますと、１９８８年から１９８９年には巨額の債務を抱えましたが、これは満42～43歳にあたり暗剣煞の大運が過ぎた直後なのです。これは当たっているといえます。

続いて１９９１年のカジノ倒産、１９９２年にホテル倒産になりますが、これらは一連の動きですから１９９１年は一白、１９９２年は九紫が入りますが、誤差のうちだといえます。

トランプ氏が命に関わる問題が起きて注意すべき時は、数え年76歳の時と78歳と時だといえます。九星でいえば、四緑と六白の時です。

続いて、安倍総理の人生を見てみましょう。

占断日：平成29年2月16日
鑑定者：安倍晋三日本国総理大臣　男性
生年月日：１９５４年9月21日（旧暦甲午年8月25日（坤土）
生年九星：一白水星
命宮の卦：地山謙／身宮の卦：坤為地／心棒有無：無

生月（南：上、北：下、東：左、西：右）

9／巽	5／離	7／坤
8／震	1／中宮	3／兌
4／艮	6／坎	2／乾

生日（南：上、北：下、東：左、西：右）

4／巽	9／離	2／坤
3／震	5／中宮	7／兌
8／艮	1／坎	6／乾

大運状況

年齢	01〜06歳	07〜12歳	13〜18歳	19〜24歳	25〜30歳	31〜36歳	37〜42歳	43〜48歳	49〜54歳
	55〜60歳	61〜66歳	67〜72歳	73〜78歳	79〜84歳	85〜90歳	91〜96歳	〜	〜
九星	1	9	8	7	6 ア	5	4 五	3	2

ア＝暗剣殺　五＝五黄殺

流年（数え年齢）

九星	1	9	8	7	6 ア	5	4 五	3	2
年齢	1	2	3	4	5	6	7	8	9
	10	11	12	13	14	15	16	17	18
	19	20	21	22	23	24	25	26	27
	28	29	30	31	32	33	34	35	36
	37	38	39	40	41	42	43	44	45
	46	47	48	49	50	51	52	53・	54
	55	56	57	58	59・	60	61	62	63
	64	65	66	67	68	69	70	71	72
	73	74	75	76	77	78	79	80	81
	82	83	84	85	86	87	88	89	90

安倍総理は先祖代々の経歴が素晴らしい家系です。五世祖父の佐藤信寛（政治家）から始まり、高祖父の佐藤信彦（政治家・漢学者）、曽祖伯父の安倍慎太郎（政治家）、祖父の寛（政治家）と、岸

信介（政治家・総理：岸家へ養子）、さらには大叔父の佐藤栄作（政治家・総理）、父の晋太郎（政治家）に、弟の岸信夫（政治家：岸家へ養子）と政治家や高級官吏がずらりと揃っています。

こういう家に生まれて適職が政治家である乾宮傾斜でなければ、おかしいといえます。

安倍総理は、お父さんもお祖父さんも政治家です。それに秘書官として父親と同じ場所で働いていれば、父親である安倍晋太郎さんが公的立場にいる人間として「政治家はどうあるべきか」を直接教えたでしょうし、現総理大臣である安倍晋三さんは生まれながらに「政治家の資質を与えられた」といえるのではないでしょうか。

もちろん、それぞれ生年月日が違うのですから、完全に同じ性格や感性を持った政治家であるわけもありませんが、政治家としての最低限の資質は十分に受け継ぐことができたと思います。

安倍さんは昭和52年に渡米して54年に帰国、神戸製鋼に入社します。昭和57年から父・晋太郎のもと秘書官を務めていました。平成５年に急死した父の基盤を受け継ぎ、第40回衆院選挙に当選して、現在の地位に至っているわけです。

一方、ドナルド・トランプアメリカ大統領は、国が違うので日本人の見方はできないかもしれませんが、父親のフレッド・トランプはニューヨーク市の不動産開発業者で、息子のドナルドも、ペンシルベニア大学在学中から父の経営する不動産開発事業を手伝っているのですから、こちらも親子揃って生粋の商人であるといえます。

トランプ氏は１９９年10月にアメリカ合衆国改革党に入党しています。２０１５年６月に２０１６年のアメリカ大統領選挙に共和党から立候補すると発表して、大方の予想を覆して彼は見事に当選して第45代アメリカ大統領となって、現在に至ります。

それではこの二人の相性を見ていきましょう。

さて、平成29年（２０１７年）は数え64歳です。

安倍総理とトランプ大統領とは、すべてが正反対に当たっています。話し合いをするには、相手の感性をつかめば大変に上手くいきます。相手を一瞬で見抜く眼を安倍総理が持っているのかがポイントになると思います。

その前に、どれくらい相性はよいのでしょうか。

	月盤	日盤	本命星
トランプ大統領	巽	離	九紫火星
安倍総理	乾	坎	一白水星

これを見るとはっきりとわかります。片方が陽であれば、もう一方は陰であるように正反対なのです。

以上を総合的に見て私は安倍総理とトランプ大統領の相性は非常に良い、と判断します。ただし、10年程度しか持ちません。

ちょうど恋人の間はよいのですが、夫婦になった途端に離婚に走るパターンそっくりなのです。くっつきやすすく離れやすい関係ですから、トランプ大統領とのつき合いには十分な注意が必要となります。

安倍総理は、２０１７年と２０１８年と運気は良くありませんが、数え66歳の時まで総理をやっていれば、再度、花咲くことができる運勢です。

安倍総理は乾命宮になるので、根っからの政治家です。代々政治家である家系です。それに、実力がありながら、影に回っていた経験が長い人物だと出ています。

安倍総理は第一次内閣の時は、暗剣殺でも五黄殺でもなかったのに1年でリタイアしました。第二次安倍内閣は、何と暗剣殺の真っ最中に総理になりました。こういう場合は、命盤に変化が出ているのだといわれています。

安倍総理は「トランプ氏は大変だった」と述べたみたいですが、安倍総理もトランプ氏からしたら「大変な人物だ」と思わせたことでしょう。首脳会談での二人の握手が30秒という長さであったことも、その表れなのかもしれません。トランプ氏は、それだけ日本を利用できる国家だと判断したのではないでしょうか。

それでは、3日間にわたる会談はどのようなもので、どのような結果だったのか、日盤鑑定で見てみたいと思います。

占断日：平成29年2月16日　八白土星日
ドナルド・トランプ大統領：九紫火星
安倍晋三総理：一白水星

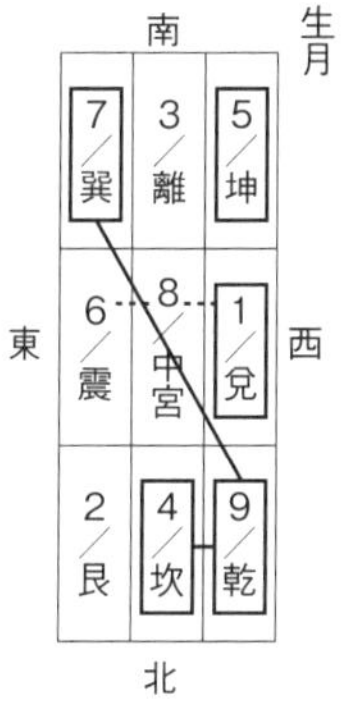

実線はトランプ大統領で、点線は安倍総理大臣です。

トランプ大統領

1月20日に就任したトランプ氏ですが、就任してから40日程度が過ぎ、やっとアメリカ大統領らしい雰囲気を持ちつつある運勢です。が、この大統領は運の浮沈が激しいと思います。というのも、国民が一丸とならず、世の中の信用はよい方ではありません。

周囲を見てみますと、日本との関係はすべて自然に任せた方がよい感じです。その上、日本との間では、九星の関係から今回メインになった話題を探ると、トランプ大統領からは経済関係や金銭関係の話をしやすくなっているのです。ということは、アメリカは、自国の安全のため日本に対していうことを再検討すべき時期に入っているのです。

安倍総理大臣

安倍総理としては歓待（?）を受けつつも、何か変なことを要求されないかが問題になるでしょう。

盤を見ると、現在の安倍総理の運勢は吉だといえます。食事とか女性とかで吉があるといえます。トランプ氏はアメリカ大統領ですから、大変に美味しい料理を振る舞っていただいたでしょう。

ですが、坤宮に五黄が入っているので、マイナスのポイントが出やすいといえます。業務上の問題か住所の問題が出やすい暗示です。何か迷っている暗示がありますが、坤ですから、我々国民に直に影響することだと思います。

さらに、約束をしても完成間際で全く反対のことをアメリカ側がしでかすことになりやすいといえます。

今は良い運ですが、満ちれば欠けるのが運というものですから、今後のアメリカの動きを見て、最善の策を考えていただければと思います。

結論としては、今回の会談は日本側に有利だと判断しました。

私も占術の習い始めの頃は、術に「命・ト・相」というものがあるとは何も知らずに手をつけましたが、術の研究が進むにつれて、「命は四柱推命をやろう」とか、「卜なら易だな」とか「方位は気学だな。いや奇門遁甲という術もあるらしいぞ」というように、「命・ト・方」の三つの術を分けて研究したものです。

ところが「術は一つで命・ト・方位ができなければいけない」ということを聞いて手軽にできるものはないのかと調べたところ、この九星術があったのです。

次章では方位について説明していきます。

第3章

九星方位術

1 九星方位術について

(1) 方位術とは何か?

本章では方位術について説明をします。私が知っている九星術での方位術ですが、流派が多くてどれが本当の方位術なのかわからない状態です。

ですが、ここでは私自身実験して「確かにこれは当たる」と判定したものを紹介します。まず、本物か否かを判定するには、どれだけ当たるかにかかっていることは間違いないでしょう。

そもそも、「方位術」とは何でしょうか? 日本で方位術として有名な奇門遁甲術は、中国では卜占術に分類されるものだといわれます。方位はサブとして使われ、やはりメインは卜であったというわけです。

一方、気学として園田真次郎氏が九星術をベースに1924年に創始されたものが今や大衆に受け入れられており、さらに時代の変化に合わせて、気学そのものも変化をしています。

奇門遁甲術と九星術(≠気学)とは明らかに別物です。

ですが方位術というのは、「自身が持っているプラスの気を増やす術であり、自身が持つプラスの気が増えれば吉となる開運の術である」といえます。さらに「九星から判断をして、吉の方位に出かけ凶の方位には出かけないようにし、自分を吉に変えることで、自然と自分も周囲も吉になっていく開運の術である」ともいってよいのでしょう。

気学も九星術も命占と方位占が多く書籍になっていて、卜占術が書籍に書かれていることはずいぶんと少なくなっているようです。

今回は、その気学が伝家の宝刀として祭っている方位術を、私の視点で述べていきます。気学信奉者にとっては「聞き捨てならん！」と思われる箇所もあるとは思いますが、術に関してですから、どうぞご容赦をお願いいたします。

さて、九星術でいう方位術ですが（今はちょっと気学と一緒の点があるのでその点はご了承いただきたいと思います）、理論上、気学と同じ箇所がある兄弟のような関係で、簡単にいえば、「気学」という名の通り、この世の中は気で説明できると考えています。九星術もこの考え方をしています。

そもそも、「気」とは一体、何でしょうか？　気とはこの世の万物に存在していて、人間を始めとしてすべての生き物でいえば、それぞれ個体が生まれた瞬間から持っている生命の根源といってもよいものです。

それは天にあっては「天気」となり、人の中にあっては「人気《じんき》」となり、地にあっては「地気（地磁気）」となっていると考えられます。

気はそもそも生命の根源ですから、気がなくなれば生物は死んでしまうことになります。

ですから、「プラスの気が足りなくなれば凶を引き起こし、反対にプラスの気が増えれば吉を引き起こす」と考えたわけです。

(2) 気は電気と同じ?

今、話題にしている「気」ですが、言い方を替えれば、「一種の電気のようなもの」だということができます。もっといえば、「電気の性質を持った生命エネルギー」だといってもよいものです。

電気の性質があるのですから、通電したり感電したりします。良い方位に行って良い気に「通電」すると自分は吉になり、悪い方位に行って「感電」すれば自分は凶になると考えればよいでしょう。

では、この通電とか感電とかの効果はどれくらいあるのでしょうか。

(3) 開運効果にも限度がある?

今、一人の人間を占術を使って分類してみます。普通、誕生日で第一の分類ができます。人それぞれ生年月日が違います。ですが、たまに同じ日に生まれて、さらには同じ時間帯に生まれる人もいます。

こういう時には、生年月日時が同じでも両親の名が違います。例えば、A君の場合はお父さんが「田中肇」という名で、B君のケースでは「茨城五十郎」とだったということになります。もし、お父さんの名前が同じでも、お母さんの名前まで一緒だったという話は聞いたことがありません(そういうケースがあることを完全否定はできませんが……)。

そして最後の分類が、大人になってから自分が住む場所です。もしかして、同じ家に住むことがあるかもしれませんが、同じベッドで寝るということは普通では考えられません。

つまり、

生年月日時が別 ＋ 両親が違う ＋ 自分が住む場所が違う

となるわけです。

この時、替えられるものは何でしょう。

生年月日は不変です。両親も不変です。唯一、住む場所だけは変更可能です。だからこそ、住む場所の変更が重要となって、開運（改運）の切り札となるのです。

ただし、三つのうち、個人を特定するためにこの世に存在するもののうち一つだけが変化するのです。その意味では、方位の効果は最大三分の一（33％）であるということになります。

とはいっても、人間同士でも相性が良いとか悪いとかがあるので、運命を変化させる程度の影響力は相性にもあるといえるのではないでしょうか。こう考えると、方位が人に与える影響力は33％より低いことになってきます。

とはいえ、方位が人間に影響することは間違いないといえます。これは今後の研究に任せることにしましょう。

一言、つけ加えると、そもそも方角を取って移動すれば何でも吉に変化するわけではありません。

大体、人間には運命はありますが、宿命もあります。

①人は必ず死ぬ存在である。
②人は必ず老いる存在である。

ということは変えられません。さらに、

③男女の別も変えられません。

いまだかつて、男に生まれたが子供を産んだという話は存在しません。ですから、変えられる程度は最大33%だといえるのです。

ですが、その33%を上手に操れば、市井の人から立身出世をして大臣にまでに登りつめることもできないとはいえません。

(4)「吉凶悔吝、動より生ず」

「吉凶悔吝《きっきょうかいりん》、動より生ず」という言葉は、その多くが気学の書籍に出てくる文句です。気学者はこれを「世の中の吉凶悔吝は、動くことに始まる」と訳して「方位を取ることこそ開運につながるのである」と言い張ります。

私はこの言葉が大嫌いです。そもそも、この翻訳は誤訳です。

この一文は『易経』にありますが、気学の人は「本当は『易経』を読んでいないのではないか」と思います。というのは、この文を「『易経』にある」として引用はしますが、それが『繋辞伝（下）』であるとは書いてない書籍が多いのですし、その前後の文の引用はしません。単に「自分の先生がそう言ってるから」と安易な引用をしているのでしょう。

どんなに良い文でも、ごく一部を引用して我田引水的な解釈をつければ、本来の意味とはかけ離れてしまいます。文献解釈としては絶対にしてはいけない方法です。それを平気でやっていて何とも思わないような先生には、私は鑑定をしてもらいたくありません。

ここまでいうと「それじゃあお前はどうなんだ！」となりますから、問題になっている本文を掲載します。

> 八卦成列。
> 象在其中矣。
> 因而重之。
> 爻在其中矣。
> 剛柔相推。
> 変在其中矣。
> 繫辞焉命之。
> 動在其中矣。
> 吉凶悔吝者。
> 生乎動者也。

そもそも中国の古典で、「動」という文字を移転や方位取りの意味としては使いません。例えば、

> ①動不失時（動くに時を失わず）
> 行動が時宜に適っている。『淮南子（人間訓）』
> ②動必縁義（動くこと必ず義による）
> 行動はすべて義をよりどころとしている。『呂氏春秋（高義）』

つまり、行動の意味なのです。『易経』を儒家の経典と考え、「義理易」の立場をとれば、この文は「吉凶悔吝は、己の行動から生じる」と、至極当然の解釈となります。この行動には言論も含まれます。

西洋のことわざに「足を滑らせても死なないが、口を滑らせると命を失うことがある」というのがあります。

また、儒教が君子の学問ならば、この「動」を「天下の事の動き」（『周易折中』）と解釈するのも

当然です。

しかし、もう一つの「象数易」の立場をとる時、より本文に忠実に解釈すると、この「動」は易の変化、易の爻の変化と考えなければ不自然です。なぜなら変化の書だからです、『易経』は。

どのあたりが移転や方位取りの意味に解釈できるのでしょうか。気学も易の正当な変化だといえるのに、このようないい加減なことをしていては、笑われるだけではないでしょうか。

（5）従来いわれている相生についての再考

一白水星、二黒土星、三碧木星、四緑木星、五黄土星、六白金星、七赤金星、八白土星、九紫火星の九つの星と、自分の生まれた年の星（本命星）との相性を見て、相生であれば吉とし、相克であれば凶とするのが、気学（九星術）では基本です。ですが、細かくいえば「相生する側」と「相生される側」に大きな違いがあるのです。この辺の解釈は時代によっても明確な違いがあります。

どちらが本当なのでしょうか。

昭和の時代は次のようなパターンが多かったと思います。

例えば、七赤金星と五黄土星とは相生だから吉。九紫火星と五黄土星との関係も相生だから吉とする、というものです。

しかし、平成になると相生だから吉とするのではなくて、五黄土星を本命星とすれば、七赤金星は見方を変えれば「五黄土星を洩らす関係で凶」とし、九紫火星が「五黄土星を相生する関係で吉である」という九星術本来の流れになってきています。

どちらが当たるのか、それは読者の方のご想像にお任せします。

（６）開運法は方位だけではない

世の中に「開運法」はいくらでも存在します。さらにいえば、開運法を持っている術は気学だけではありません。

梅花心易にも風水術にも、それ以外の術にも開運法はあるものです。気学（九星術）の開運法が、いわゆる「陽（動）の開運法」であるならば、風水術の開運法は「陰（静）の開運法」とでも言い換えられる術です。

あまり自分の流派だけを宣伝するのではなく、自分にあった開運法を実行すべきだと思います。

開運法は、自分に合ったものは効きますが、自分と合わないものは自然と効きません。その自然な点をきちんと理解することが一番大切なのではないでしょうか。

（7）干支九星術

本書では紹介だけにとどめますが、「干支九星術」というものも存在します。

これは九星だけでなく、十干と十二支を融合して盤に載せ、九星だけよりも細かく判断できるという術なのです。

実例として、2017年（平成29年）3月20日（春分の日）の盤を出してみますと。

丙午四緑日

3 甲寅	8 庚戌	1 壬子
2 癸丑	4 丙乙 午卯	6 戊 申巳
7 己酉	9 辛亥	5 丁 未辰

となります。これは盤としては難しいのですが、天・人・地の三才がしっかりとあるのです。

天・天干
人・九星
地・地支

チャンスがあれば、いずれ干支九星術を書いてみようと思っています。

2 金運に絞って方位を取る場合

(1)「金運」とは何か？

方位術では、あれをやらなければならないとか、これはやってはダメといった、いわばルールというものが存在します。それは引越しなどの、移転に関する内容です。今、それは置いておいて、方位術で誰もが最も関心のある金運について説明したいと思います。

そもそも、「金運」とは一体、何でしょうか？　まさか「お金回りの問題だろ？」という単純な方はいらっしゃらないと思います。

昔は、金運といった分野にも、中国との国交が回復してきていて、金運だけではなく「財運」という言い方も出てきました。さらに四柱推命術の用語を使って説明するようになります。

それが四つの分野にまたがる金運に変化していきました。以下に説明していきましょう。

①正財運《せいざいうん》	これはいわゆる「正規に入るお金」を意味します。自分で働いた「給料」などがよい例でしょう。
②偏財運《へんざいうん》	これは「正規には入ってこない運」を指すことが多いです。ギャンブルで勝ったお金や株式投資、あるいは株の売買で得た金額、宝くじの当選金などです。コンスタントに入らないが比較的額の大きいものを指します。
③相続運	親の残したお金や遺産（動産・不動産）を受け取れる運を示します。
④貯蓄運 蓄財運	正財運や偏財運で稼いだお金を貯蓄できるか否かを示すものです。また、不動産などで稼げるお金を指します、家賃や土地代金などです。

これらを「財運」として新たに考えるようになっています。

判断方法としては以下の通りです。

畜財運は基本的に艮宮＝八白土星で判断できます。正財運は兌宮＝七赤金星あるいは坤宮＝二黒土星で判断できると思います。

一方、偏財運はどうでしょうか。ギャンブルとか宝くじとかは離宮＝九紫火星の分野といえます。株の配当はといいますと、これは巽宮＝四緑木星ではないでしょうか。

相続運は、蓄財運に関わるのですから、艮宮＝八白土星となるでしょう。

このように現代社会、特に日本では金銭を稼ぐといっても二黒・四緑・七赤・八白・九紫といった「五つの星」で判断できると思います。

なぜ私がこのような、一般の九星術や気学と少し違う感覚を持つようになったのかをちょっとお話しましょう。


私は若い頃、「街占《がいせん》」をしてもらうことが好きでした。街占とは街頭で占いをしてくれる占い師の先生のことも指します。現在でも街占をやっている方がおりますが、大概は易占と人相・手相と九星術、気学でしょう。まれに四柱推命とか西洋占星術をなさる方もいます、最近は場所をデパートの最上階のブースに移されているようです。

人相や手相は夜の街占がよいようです。その理由としては、

① 手の細かい皺《しわ》は、夜の行灯の明かりの方がよく見える。
② 女性が下ネタの話をする時には、顔がはっきり見えない方がよい。

といった理由が挙げられるからです。

私は占ってもらう時には、どんな占い師でもみてもらうのではなくて、その占い師のいわば人相

を見て「この人なら当たりそうだ」と自分が最初に判断していたと思います。

　ある時のことです。私の前の方に一人の男性が占ってもらっていました。街占ですから、耳を澄ませば小声は聞こえます。

　その方が求めていた占的《せんてき》は、ズバリ金銭運でした。

占い師「あなた金運はありませんね。大凶の星がついています。バリバリ働く感じには見えないし、仕事は何をやっているの？」

お客「はい、エッセイを書いています。」

占い師「そう、じゃあ大変ね。売れてるの？」

お客「ぼちぼち、だと思いますが……」

占い師「しっかり貯蓄をして、無駄遣いをせずにちゃんとやりなさいよ。自分には金運がないんだとしっかりと自覚をして、ね。」

　それで終わってその方は帰ったのですが、気になってちょっと後を追って話を聞いてみました。夜ですから「いいよ」と簡単に応じてくれたのですが、このことは私にとって大きな事件だったのです。

　この方はエッセイを書いているとのことでしたが、本職はどこかの講師をやっていて、それなりの収入があるとのこと。お父さんが資産家で、遺産としてそれなりの不動産を相続していること。だから食べるのには困らないが、自分は人に物事を教えることが好きなので講師をやっている、とのことでした。

　すると相続運があるし、講師をやっているのだし、エッセイを書いているのだから相当できる実力者といえます。

　そういう人なのになぜ占いを見てもらったのかと聞きますと、「次のエッセイでは『占いについて』

を書こうと思ったから」というのです。だから「当たるといわれる方に観てもらおうと思ったんだ」という答えでした。

「そうか、やはりあの占い師は当たるという評判だったんだ」と思いましたが、今回は占ってもらおうとするサイドと占うサイドではしっかりとした情報交換ができなかったことと、占うサイドが金銭運＝兌宮しか見なかったからではないのか？と先程の占い師の占断方法に疑問が生じたのです。

件の彼は「占いはあまり信用しない方がいいと思うよ」との言葉を残して去っていきましたが、私には大きな課題が残されました。金銭運＝兌宮であると決めつけてはいけないのだという感覚。それに一般の方は占い師を超能力者と間違えているのだという感覚。

ですが、それらは違うのです。占い師は超能力者ではありません。細かいことはちゃんと話をしなければわからない場合が多いのです。

ですから、みなさんも占ってもらう時には自分のことを包み隠さず、すべてを話してください。そうでなければ見料が無駄になるばかりか、本当に占い師のアドバイスが必要な方のチャンスを奪いかねないということも理解してください。

また、他の事例として、以前、私の友人が易占で金運を見ていただいたことがあります。

その時にその占い師さんに「あなたは二黒土星ですから、七赤金星に洩れる状態ですね。これでは金運はない！　といえます。ですからできるだけ無駄遣いをしないで、これからの人生を過ごせはよいと思いますよ」といわれたようです。

ですが、彼は整体の仕事をしていて、結構なお金を持っているのです。それにビルを建てていて家賃収入もあるわけです。つまり、正財運も偏財運も貯蓄運もあるのです。

彼は占い好きなのですが、「あの占い師さん、当たってなかったね」ということでした。金運の占断は難しいですが、この占い師さんも金運について上記の四つがあることを考えてみればよかったのではないでしょうか。

さらに、例に挙げた彼ですが、七赤金星は本命星から洩れていますが、本命星（二黒土星）を相生する九紫火星を使って整体の技術を宣伝するという方向を変えれば（チラシを配るとか書籍を書く）、お金儲けはできるでしょう。

最近は「金運＝七赤金星」と考えてはいけないのではないか、現状に合った見方をしなければいけないのではないか、と痛切に感じます。

方角を取る時にも直線的に判断をせずに、多面的に考えていく方が安全でしょう。

このように、金銭運や財運といった分野では、四つから五つの宮を見て考察すべきだと思います。一つの方法で（＝金運を見るのに兌宮だけを見るという方法で）、完璧に判断することは九星術では無理ではないか、最近はそう思っています。

3 方位の取り方についての考察

気学および九星術、果ては奇門遁甲術に至るまで、方位の取り方にもいろいろ流派（？）が存在します。ですから、疑問もいろいろ出てきます。

疑問点1　真北《しんぼく》（経線が指す上）を取るのか磁北《じほく》（磁石が指す北）を取るのか？

疑問点2　地球の自転による変更（＝偏角）を取るのか取らないのか？

疑問点3　方位の角度を45度×8＝360度とするのか、東西南北を30度にして、東北・東南・西南・北西を60度にするのか？

疑問点4　自分が動いて行動する時には30度と60度にして、動かない時にはすべて45度にするのか？

疑問点5　30度と60度の盤と45度だけの盤とでは、それぞれの盤では方位が混ざる（ドサクサの方位といったりします）が、こういう時にはどう判断するのか？

これらは、それぞれの先生がそれぞれ実験をして得た結果ですから、無闇に「ダメだ」と捨てる必要はありませんし、反対に無条件に「よし！」と受けてしまってはいけないと思います。勇気ある方は、再度実験をして実証すべきです。それでこそ眼を見張る術が完成していくのです。

なお、これらの疑問点について、私が聞いた話と私の経験（実験）から回答すると以下の通りです。

回答1　北は真北を取る。
回答2　偏差は取らない。
回答3　方位は45度に区切る。
回答4　方位はなるべくど真ん中を取る。
回答5　怪しい方位を取らなければならなかった時は、翌日に別の方位を取る（数キロ動くだけでよいといわれます。さらにそれが吉方位であれば問題はありません）、または当日に寝る時間をずっと遅らせて、結果はなかったことにすることもできるのです（方位の解消）。

みなさんも自分にピッタリの方位の取り方を探ってみてください。

そうでなければ、方位を完全に無視することのがよいでしょう。

毎日非常にたくさんの方が地球上を移動しています。その人達がすべて方位の移動の効果を出したとはいえません。一番良いのは気にしないことです。

ですが、九星術をやっているのであれば素人さん達と一緒ではありませんので、理屈から判断することは厳禁です。長い経験から仕上がってきた方位ですから、現代人が考えた理屈では絶対に凌駕できない点があります。そういうことを本来の秘伝だというのでしょう。心してください。

4 使ってはいけない方位

最後に、九星術で使ってはいけない方位を説明したいと思います。

五黄煞

五黄土星がある方位で、凶意が自動的に出てくるといます。五黄は本来中宮にあって、四方八方を支配している非常に力の強い星ですが、中央を離れた途端に、凶をもたらすと考えた方がよいと思います。どの宮位（中宮とか乾宮とかの意味です）に五黄があるのかによって、どのような凶が出るかがわかります。

暗剣煞

暗剣煞は、盤で五黄土星の反対にある宮を指していいます。この宮の凶意は他動的に禍を招く方位とされます。怪我や事故、会社が倒産するとか、全く予知しなかった事件、事故が起こると考えてください。

本命煞

自分の本命星が回っている方位をいいます。自分の健康上の問題が出やすい方位とされます。

本命的煞

自分の本命星が回っている方位と反対の方位をいいます。本命煞と同様に自分の健康上の問題が出やすい方位とされます。特に精神上の問題が出るとされます。

破

破《は》には歳破《さいは》と月破《げっぱ》が存在します。破は、争いが起こり争って敗れる意味に取れます。営業では商売敵ができたり、部下が背任行為をして営業が打撃を受けたりします。さらには争いの上で怪我をしたり、縁談では中傷されたり、第三者の干渉が起こったりと、ろくなことが起きません。

月盤での月破、月命煞、月命的煞などを組み込みますと八大凶殺にもなります。方位決定には慎重な上にも慎重にしていただきたいと思います。

（1）真の勇気ある実力者

方位を選ぶ時の注意として「慎重な上にも慎重にして…」というと、「そりゃあ、誰だって大凶には行きたくないよな」、「だったら、誰も凶方位に行ったことはないんだろ?」「凶が本当にあるのかないのか、あるとしたらいつ終わるのか、全くわからないじゃないか?」という反論をときどきいただきます。

その時、私は「そうですねぇ、でも、実際にそういう人々がいたとしたらどうします? それも本にまで書いてあったとしたら?」と返しています。

誰もが吉を求めています。どんなに偉いといわれている先生でも「凶といわれている方位に行ったとしたら、本当に凶が起こるのだろうか? と本気で調べる人はいないはずだ」といいます。

これは当然のことです。「この方位を取った時には死ぬ」と書いてある方位は、術者であれば絶対に取りません。死んだらアウトなのですから。ですが、日本人でこの危険な実験をやった方々がいたのです。

① 凶は確かに出るのか?
② 出た凶はいつ終わるのか?

これを自分達の人生を実験材料にした、つまり、検証をした方がいます。その人の名は、中村文聰先生です。

ここで中村先生の業績を探ってみましょう。

中村先生は、気学研究上、最大の功績を残しました。それは「方災（凶方位を取って出る大凶運の現象のこと）のカルマは12年で解消される」ということを発見したのです。

例えば、五黄煞などの大凶方位を使うと、自分自身が持っている悪因縁が噴出して、大変なことになるとされています。

ただし、灰汁《あく》だしが終わっていたり、徳の高い僧侶であったり、運気の強い人物であったりすれば、大凶の作用は出ません。凶作用が出ても「何だか具合が悪いな」と感じる程度です。

そこで中村先生は、自分と弟子とで気学の発展に貢献するために、わざわざ死ぬ覚悟で五黄煞に引越しをして、お弟子さん達は暗剣煞や本命煞へ引越しをしたのです。

勇気があるといえば勇気ですが、無謀といえばこれほど無謀なことはありません。死んだら死んだというだけのことなのです。決死の覚悟だったと思います。

それで、結果はどうだったのでしょうか？　結果は、ある人は火事になる、ある人は大病を患う、さらに大怪我をする、家庭不和になる……と、大凶の象意と大凶の作用が出たのです。これで気学の方位はインチキではないことが証明されました。第一の関門が突破されたのです。

ところが、凶運は12年続きましたが、12年11か月経つと、本人にも弟子にも、全く何も起きなくなりました。凶方位を取ったことで現れた凶災も12年で消えたことになります。これで第二の関門もクリアしたのです。

そして、それと同時に、気学の大家としての中村文聡という名前が世間に知れわたるようになり、有名になっていきました。つまり、方角を間違って取った場合、12年程度苦しむことになりますが、それを乗り越えることで（全員そうであったことから）、カルマ（業《ごう》や悪因縁）が解消されて開運できるということを証明したのです。

我々は、こうした勇気ある先達方の下、九星術を改めて学び直しているのです。先輩達に感謝すべきでしょう。

ここで私見ですが、五黄煞や暗剣煞をとってもこの実験に参加した人達は誰も死ななかったのです。ですが、「五黄煞や暗剣煞を取っても大丈夫なんだ！」とは簡単にはいえません。なぜでしょうか？　五黄煞とか暗剣煞とかを知らないで取って、実際には死んでしまった方は、私が鑑定した方にも大勢いらっしゃるからです。方位とか方角とかは実際に取って、解消せずに効果が決まった途端、大部分はそっくりそのままの効果が出ます。

先程述べたように、徳が非常に高い方や運気が半端なく強い方は、何かを人々のためになすような運命なのですから、大凶の方位を取っても大丈夫だといえる時もあるのでしょう。つまり一般人とはレベルが違うのです。

人間には3タイプあるといわれています。

人間の3タイプ

非常に徳の高い方・世の為に何かをする方・釈迦やイエスのような方。	持って生まれた運命とは違う使命のある人物で、運命学では測定できないタイプ。本当に、ごく一部の人間。
普通の方・平凡なタイプ。	運命学でしっかりと判断できるタイプの人物。全体の85％～90％に当たる。
非常に運勢が悪い方・世の中に多大な害悪をもたらす人物。ヒットラーなど。	大凶運なのに大吉が現れるとか、大吉運なのに大凶運が出てきたりするといった、運命が反転してしまっているタイプ。こちらもだいぶ数は少ないです。

この中村先生とそのお弟子さんが凶方位を取っても死ななかったのは、気学（九星術）の発展に貢献するために、わざわざ死ぬ覚悟で大凶方位を

取ったため、自分達の命を掛けて術とは何たるのかの実験をするため、神様が死なせなかったのではないでしょうか。

そうでなければ、きっと方災であっさりと死んだ方もいらっしゃったのだと、私は思っています。

（2）他の方法はないのか？

いかに優れた方法だとしても、自分から大凶運に飛び込んで12年間我慢して、その後に吉をとことん取ることができるという方法は、はっきりいって、誰でもできる方法ではありません。ごく普通の一般人として生きていく上では、こういう方法はダメだといえるのではないでしょうか。

人間一人ぼっちであればどのようなことでもできますが、妻子がいたり従業員がいたりしては、家長やトップが12年間不運で一緒に居られるわけはないのです。

とすれば、何か違う方法はないのでしょうか？

名前は出しませんが、ある九星の研究家はこのようなことをいっています。

気学は今のようなこと（日盤で吉方位を取るようなこと）をしているからダメになるのです。

どんな人でも30歳になるまでに吉方位を取ること（1年間移転をすること）をすべきです。そうすれば吉を得て、それ以外の時期に凶を取ったとしても平穏無事に過ごせるのでＯＫなのです。

本来、気学はそういうものだったはずなのです。


この言葉を述べた先生のお名前は失念しましたが、これは私の術の先輩でもあり、洋の東西の術に大変に詳しい畏友、玄学舎主宰の大石眞行先生からお聞きした内容です。今、我々はこの意味するところをよく考えるべきではないでしょうか。

5 移転について

ここで、移転についてちょっと説明をしておきたいと思います。

九星術の移転法の注意点

①月盤で吉方位を探す（本命星における方位が吉方位です）。
②該当月の真ん中に移転を済ませること。節入り月を使いますので、毎月15日から25日までの間に移転をすること。
③その土地に最低でも45日間、最大60日間として寝泊りすること。外泊はダメです。
④寝る時刻としては亥の刻にして、最低6時間は睡眠すること。

この方法で吉方位を取って、残りの人生を安全に過ごしていくのです。これも立派な態度だと私は思います。

繰り返しますが、占いは「抜苦与楽《ばっくよらく》（苦しみを除き、楽を与える）」ためにあるのですから。

中村文聰先生達のなさったことは気学とか九星術といわれるものの正しさを証明しましたが、一般人には到底できないものでした。ですが、中村先生の素晴らしかった点は、占いの術を大衆に広めたことです。そしてそれを使ったより良い人生を歩むこと。それだったのではないでしょうか。

上卦／下卦	乾《けん》（天《てん》）☰	兌《だ》（沢《たく》）☱	離《り》（火《か》）☲	震《しん》（雷《らい》）☳	巽《そん》（風《ふう》）☴	坎《かん》（水《すい》）☵	艮《ごん》（山《さん》）☶	坤《こん》（地《ち》）☷
乾《けん》（天《てん》）☰	乾為天《けんいてん》䷀	沢天夬《たくてんかい》䷪	火天大有《かてんたいゆう》䷍	雷天大壮《らいてんたいそう》䷡	風天小畜《ふうてんしょうちく》䷈	水天需《すいてんじゅ》䷄	山天大畜《さんてんだいちく》䷙	地天泰《ちてんたい》䷊
兌《だ》（沢《たく》）☱	天沢履《てんたくり》䷉	兌為沢《だいたく》䷹	火沢睽《かたくけい》䷥	雷沢帰妹《らいたくきまい》䷵	風沢中孚《ふうたくちゅうふ》䷼	水沢節《すいたくせつ》䷻	山沢損《さんたくそん》䷨	地沢臨《ちたくりん》䷒
離《り》（火《か》）☲	天火同人《てんかどうじん》䷌	沢火革《たくかかく》䷰	離為火《りいか》䷝	雷火豊《らいかほう》䷶	風火家人《ふうかかじん》䷤	水火既済《すいかきせい》䷾	山火賁《さんかひ》䷕	地火明夷《ちかめいい》䷣
震《しん》（雷《らい》）☳	天雷无妄《てんらいむぼう》䷘	沢雷随《たくらいずい》䷐	火雷噬嗑《からいぜいごう》䷔	震為雷《しんいらい》䷲	風雷益《ふうらいえき》䷩	水雷屯《すいらいちゅん》䷂	山雷頤《さんらいい》䷚	地雷復《ちらいふく》䷗
巽《そん》（風《ふう》）☴	天風姤《てんぷうこう》䷫	沢風大過《たくふうたいか》䷛	火風鼎《かふうてい》䷱	雷風恒《らいふうこう》䷟	巽為風《そんいふう》䷸	水風井《すいふうせい》䷯	山風蠱《さんぷうこ》䷑	地風升《ちふうしょう》䷭
坎《かん》（水《すい》）☵	天水訟《てんすいしょう》䷅	沢水困《たくすいこん》䷮	火水未済《かすいびせい》䷿	雷水解《らいすいかい》䷧	風水渙《ふうすいかん》䷺	坎為水《かんいすい》䷜	山水蒙《さんすいもう》䷃	地水師《ちすいし》䷆
艮《ごん》（山《さん》）☶	天山遯《てんざんとん》䷠	沢山咸《たくざんかん》䷞	火山旅《かざんりょ》䷷	雷山小過《らいざんしょうか》䷽	風山漸《ふうざんぜん》䷴	水山蹇《すいざんけん》䷦	艮為山《ごんいざん》䷳	地山謙《ちざんけん》䷎
坤《こん》（地《ち》）☷	天地否《てんちひ》䷋	沢地萃《たくちすい》䷬	火地晋《かちしん》䷢	雷地豫《らいちよ》䷏	風地観《ふうちかん》䷓	水地比《すいちひ》䷇	山地剥《さんちはく》䷖	坤為地《こんいち》䷁

参考文献

【気学・奇門遁甲関連】

『密教占星術Ⅰ』桐山靖雄（平河出版社）
『密教占星術Ⅱ』桐山靖雄（平河出版社）
『密教占星術入門』桐山靖雄（平河出版社）
『秘伝元空占術』内藤文穏（潮文社）
『独楽兵法の妙』内藤文穏（東洋書院）
『文穏流遁甲風水術秘談』内藤文穏（三祐堂）
『三元奇門遁甲秘伝』内藤文穏（三祐堂）
『奇門遁甲行動術』内藤文穏（修学社）
『気学即断要覧』東海林秀樹・水沢有（東洋書院）
『四盤掛け秘法』東海林秀樹（東洋書院）
『日盤鑑定法入門』角山素天（東洋書院）
『九星日盤鑑定要法〔全〕』斎藤擁道（東洋書院）
『気学占い方入門』中村文聰（大泉書店）
『気学密義　七大凶殺編』中村文聰（大泉書店）
『スパイラル占卜法』植野治台（講談社）
『精解　吉象　万年暦』鐘の会・編（東洋書院）
『中国標準　万年暦』鮑黎明・編（東洋書院）
『大気現象干支九星　鑑定実録』望月実（鴨書店）
『現代九星占い』井田成明（明治書院）
『方位学・気学』柴山壽子（幻冬舎ルネッサンス）
『干支九星術』月恩会
『気学の事典』平木場泰義（東京堂出版）
『活盤奇門遁甲精義』高根黒門（東洋書院）
『目的達成法としての奇門遁甲学入門』武田考玄（秀央社）

【易関連】

『現代易入門』井田成明（明治書院）
『易』本田濟（朝日新聞社）
『周易本義』中村璋八・古藤友子（明徳出版社）
『易学通変』加藤大岳（紀元書房）
『五行易入門』易八大（東洋書院）
『五行易活用秘儀』佐藤六龍（香草社）
『断易十八問答秘解』大熊光山・佐藤六龍（香草社）
『皇極経世新解』張耀文・佐藤六龍（香草社）
『梅花心易精義』鎗田宗准（東洋書院）
『秘伝梅花心易入門』鎗田宗准（たま出版）
『梅花易数』邵康節（竹林書局／台湾）

【風水関連】

『三元羅盤綱要』劉育才・伍源徳（東洋書院）
『定本 地理風水大全』御堂龍児（国書刊行会）

『玄妙風水大全』坂内瑞祥（太玄社）
『黒門八宅風水』黒門（主婦と生活社）
『幸せを呼ぶ　黒門風水』黒門（主婦と生活社）
『才能を活かす人　能力を殺す人』林秀靜（徳間書店）
『林秀靜のハッピー八宅風水』林秀靜（カナリア書房）

【宗教関連】
『聖天信仰の手引き』林屋友次郎（大井聖天堂大福生寺）

おわりに

この九星術という占いは、方位を取るために進化してきたのだと、私は長い間誤解をしてきました。易占術として周易を上げると、「易聖《えきせい》」といわれる真勢中洲《ませちゅうしゅう》先生をはじめとして、新井白蛾《あらいはくが》先生や高島嘉右衛門《たかしまかえもん》先生など、本を書く先生が多いのです。

ところが九星術（＝気学）の場合は、方位を取ること＝開運術ということで膾炙《かいしゃ》しており、その関連書籍の量は半端ではありません。現在出ている書籍の多くが、やはり開運をメインにしており、命・方だけに限られているようなのです。

なぜ、卜占術の書籍がこんなにも少ないのか？　私には不満でした。せっかく九星という立派な材料がありながら「全部判断することができます」ということを誰もいわないのだろうと。九星術は易を正しく受け継いでいる、正統な術なのです。それだけでも十分に価値のあることなのにと思っていました。

ところが説話社さまからのお話をいただいて、九星術を書こうとして事態は一変しました。九星術は命・卜占・方位の三位が揃っているがためにその分量が半端ではないのです。中には「九星家相術」があるではないですか。

「俺の知っている九星術は中途半端だったんだ」と実際に思い知らされたのです。しかし、担当の高木さまはいつまでも待つといってくださり、意を決して「自分が知っている九星術はこれだけです」と恥を忍んで全部書こうと決めました。それで出来上がったのが本書です。

ここで紹介している部分は九星術の、ほんの一部です。その一部でもお読みになられて「僕も九星術をやってみよう」と思ってくださる方が一人でも増えてくれたら、筆者の喜びは計り知れません。

最後になりましたが、九星術の入門を執筆するに当たり、数年間も待ってくださった説話社の社長さま、ならびに説話社取締役・高木利幸さまには感謝しかないといった気持ちでいっぱいです。

ありがとうございました。

平成29年11月1日

東洋占術研究所・確占会主宰

鎗田宗准　拝

著者紹介

鎗田宗准
（やりた・そうじゅん）

東洋占術研究家。1960年生まれ。高校時代に占術と出会う。人間の運命の不思議さに見せられ、高校時代から易を中心に四柱推命術や紫微斗数推命術など、さまざまな占術を独自の立場から研究する。特に「梅花心易」をメインとして研究する。

さらにタロット・カードも研鑽に励み、九星術の研究は周易・五行易・梅花心易と並んで40年以上にのぼる。その間『秘伝　梅花心易入門』（たま出版）『梅花心易精義』（東洋書院）を発表する。

説話社からも電子出版として『おみくじ開運術入門』『四柱推命術』『中国予言の立場からの1999年と2030年の考察』などでお世話になっているが、今回の『九星術』の出版は説話社からの書籍は初めてである。

日常生活は鑑定と占術講義、さらに合気道の指導も35年間も行っている。

〒130-0003
東京都墨田区横川3-10- 4-201
電話：090-8036-0090（平日 9：00 ～ 19：00）
易占術鑑定室
< http://www.maroon.dti.ne.jp/sojun/T1.htm >

鎗田宗准ブログ
< https://ameblo.jp/yarita-aikido/ >

説話社占い選書シリーズ創刊の辞

説話社は創業以来、占いや運命学を通じて
「安心できる情報」や「感動が得られる情報」
そして「元気になれる情報」をみなさまに提供し続けてきました。
「説話社占い選書シリーズ」は、占いの専門出版社の説話社が
「21世紀に残したい占い」をテーマに創刊いたしました。
運命学の知恵の源である占いを、現代の生活や考え方に沿うよう、
よりわかりやすく、そしてコンパクトな形で編集してあります。

みなさまのお役に立てることを願っております。

2014年　説話社

説話社占い選書 11

九《ここの》**つの星**《ほし》**で運命**《うんめい》**を知**《し》**る 九星術**《きゅうせいじゅつ》

発行日　2017年12月1日　初版発行
著　者　鎗田宗准
発行者　酒井文人
発行所　株式会社説話社
〒169-8077　東京都新宿区西早稲田1-1-6
電話／03-3204-8288（販売）03-3204-5185（編集）
振替口座／00160-8-69378
URL http://www.setsuwasha.com/

デザイン　市川さとみ
編集担当　高木利幸
印刷・製本　中央精版印刷株式会社

ISBN 978-4-906828-40-1 C 2011

説話社占い選書シリーズ

説話社
占い選書

⑤

③

①

④

②

⑤説話社占い選書 5
すべてがわかる 384 爻《こう》
易占い
水沢 有 著

③説話社占い選書 3
成功をつかむ究極方位
奇門遁甲
黒門 著

④説話社占い選書 4
手のひらで心が読める
西洋手相占い
ゆきまる 著

①説話社占い選書 1
簡単でわかりやすい
タロット占い
LUA 著

②説話社占い選書 2
悩み解決のヒントが得られる
ルーン占い
藤森 緑 著

すべて本体価格1,000円（税別）